두렵고 떨림으로 말씀을 대언하는
우리 시대 대표 설교자 10인을 만나다

두려운 영광

두려운 영광

저자_ 이태형

1판 1쇄 발행_ 2008. 9. 22.
1판 6쇄 발행_ 2009. 2. 11.

발행처_ 포이에마
발행인_ 김도완

등록번호_ 제300-2006-190호
등록일자_ 2006. 10. 16.

서울특별시 종로구 경운동 89-4 운현궁 SK허브 102-712 우편번호 110-310
마케팅부 02)730-8647, 편집부 02)730-8648, 팩시밀리 02)730-8649

값은 표지에 있습니다.
ISBN 978-89-93474-00-8 03230

독자의견 전화_ 02)730-8647
이메일_ masterpiece@poiema.co.kr

좋은 독자가 좋은 책을 만듭니다.
포이에마는 독자 여러분의 의견에 항상 귀 기울이고 있습니다.

두렵고 떨림으로 말씀을 대언하는
우리 시대 대표 설교자 10인을 만나다

두려운 영광

이태형 지음

옥한흠 정필도 홍정길 이정익 이동원
하용조 이재철 정삼지 강준민 전병욱

포이에마

목사가 된다는 것은
무엇과도 바꿀 수 없는 영광스러운 일입니다.
목회는 세상에서 할 수 있는
가장 최고의 창조적 일이기 때문입니다.

| 유진 피터슨 |

■ 들어가는 말

본질의 목회, 본질의 설교를 찾아서

〈버킷 리스트〉란 영화를 본 적이 있습니다. 재벌 사업가인 에드워드 콜(잭 니콜슨)과 자동차 정비사 카터 챔버스(모건 프리먼)는 어느 날, 1년도 채 못 산다는 시한부 인생을 선고받습니다. 이들은 병원에서 마지막 삶을 함께하게 됩니다. 병실에서 우정이 싹튼 콜과 챔버스는 죽기 전에 꼭 하고 싶은 일들을 적은 목록, 즉 버킷 리스트bucket list를 들고 세상을 향한 모험을 시작합니다. 병실을 박차고 나간 이들은 번지 점프와 자동차 경주를 하고 사파리와 피라미드를 찾아갑니다. 고급 레스토랑과 사치스러운 스위트룸에서 여유도 즐깁니다. 여행 내내 이들은 인생의 참 의미에 대해 깊이 있는 대화를 나눕니다. 그러다 카터는 집에 두고 온 가족이야말로 시한부 인생에서 가장 소중한 우선순위라는 사실을 깨닫습니다. 에드워드는 엄청난 재산도 딸과의 관계를 대신해줄 수 없다는 사실을 발견합니다.

영화는 우리에게 질문합니다. "무엇이 당신의 인생에 참 기쁨을 주는가"라고요. 그러면서 인생의 기쁨을 찾기에 너무 늦은 때란 결코 없다고 말해줍니다. 잭 니콜슨과 모건 프리먼은 관객들에게 '너무 늦기 전'에 인생의 참 의미와 기쁨을 발견해야 한다고 말합니다. 목회자들이 버킷 리스트를 만든다면 어떤 목록이 가장 먼저 나올까요? 이 땅을 사는 크리스천들에게는 어떤 버킷 리스트가 있을까요? 우리 인생에 참 기쁨을 주는 것은 과연 무엇일까요?

　언론계에서 일한 지 20년째가 되었습니다. 생각해보니 한 점과 같은 지난날이었습니다. 앞으로 20년도 한 점과 같이 지나겠지요. 그 시간 동안에 많은 사람들을 만났습니다. 만난 분들 가운데는 목회자와 선교사들도 적지 않았습니다. 사람들을 만나면 반드시 물어보는 세 가지 질문이 있습니다. "목회가 무엇입니까?" "인생이 무엇입니까?" "성공이 무엇입니까?" 대상에 따라 목회는 선교 혹은 믿음, 사업 등으로 바뀝니다. 그러나 이 세 가지 질문의 패턴은 유지합니다. 이 질문을 받은 사람들은 대부분 잠시 멍하니 생각합니다. 그리고 혼신의 힘을 다해 대답합니다. 본질에 대한 질문이기 때문입니다. 이 책을 접한 분들도 동일한 질문에 대해서 생각해보시기 바랍니다.

　세상은 넓고 깊습니다. 각자의 환경과 삶의 방식에 따라 대답은 달라집니다. 그러나 본질은 비슷합니다. 목회자들이 버킷 리스트를 작성한다면 어떤 것들이 우선순위에 오를까요? 아마도 '본질의 목회 해보기'라는 항목이 가장 먼저 나오지 않을까 싶습니다. 예수님이 가르쳐주신 바로 그 목회, 세상에 시달려 한 번도 시도하지 못했던 그 목회를 생의 마지막 순간에 한번 해보고 떠나겠다고 결심할지 모릅니다. 성도들의 버킷 리스트에는 예수님을 만나고, 예수님이 그렇게도 원하셨던 생명 살리는 일을 하겠다는 것이 가장 먼저 나올 것 같습니다.

요즘 세상은 한국교회에 대해 여러 이야기들을 합니다. 크리스천으로서 가슴 아픈 소리들이 많습니다. 그 소리들이 던지는 메시지의 요지는 '본질'입니다. 지난 시절 한국의 기독교는 수많은 방법론을 써 보았습니다. 그러나 갈망했던 부흥은 오지 않았습니다. 무엇이 대안입니까? 역설적으로 본질의 목회만이 유일한 대안입니다. 마틴 로이드 존스 목사가 말했던 '한 번도 시도되지 않은 기독교'를 시도하기 위한 본질적인 노력들이 삼천리 방방곡곡의 교회에서 펼쳐져야 할 것입니다. 한 번쯤 '한국교회 버킷 리스트'를 만들면 어떨까요?

이 책은 목사 열 분의 목회와 설교에 대한 이야기입니다. 그들이 말하는 인생과 성공에 대한 이야기도 들어 있습니다. 대부분 제가 상당히 오랜 기간 동안 만났던 분들입니다. 자세히 읽어보면 여기에서 이들의 버킷 리스트를 발견할 수 있습니다. 목회 초창기에 굳은 각오로 썼던 리스트를 지워버리고 새롭게 깨달은 리스트를 품고 목회를 정리하는 분도 있습니다. 비판적인 내용은 들어갈 여지가 없었습니다. 어차피 이들의 이야기를 듣고 정리한 것이기 때문입니다. 이들을 통해서 배워야 할 것도 있지만 반면교사反面敎師로 삼아야 할 내용도 있을 것입니다. 책을 통해서 유익을 얻는 것은 전적으로 독자의 몫이라고 생각합니다.

여기에는 또한 설교와 목회 노하우도 들어 있습니다. 그러나 기능적인 노하우보다는 이들 목회자들이 추구했던 본질의 목회, 본질의 설교에 대해 깊이 생각하기 바랍니다. 혹 이들의 이야기를 접하고 부담을 느끼는 분들이 있을까 두렵습니다. 그러나 여기에 소개된 목회자들 역시 이 책을 통해서 다시 한 번 본질의 목회에 대한 결심을 할 수 있을 것이라고 생각하며 자위합니다.

누구에게나 목회와 설교는 두려운 작업일 것입니다. 물론 행복한 목회, 즐거운 설교는 얼마든지 가능합니다. 실제로 목회가 흥미진진하고, 설교가 너무나 즐겁다고 토로하시는 분들도 많이 계십니다. 그러나 본질적으로는 두렵고 떨리는 심정으로 해나가야 할 것이 바로 목회이고, 설교라는 사실은 누구도 부인할 수 없습니다. 한 영혼을 구원하는 작업이 어찌 두렵지 않겠습니까. 그러나 두렵기 때문에 이 작업을 회피할 이유는 없습니다. 목회와 설교는 또한 영광스런 작업이기 때문입니다. 몇 년 전 미국 몬타나의 자택에서 만난 유진 피터슨 목사의 말은 긴 여운이 남습니다.

"목사가 된다는 것은 무엇과도 바꿀 수 없는 영광스러운 일입니다. 목회는 이 세상에서 할 수 있는 가장 창조적인 일이기 때문입니다. 목사는 영혼의 시어詩語를 사용하는 시인들입니다."

20세기 최고의 설교자 가운데 한 사람으로 평가받는 필립스 브룩스 목사는 늘 설교자의 부담과 영광에 대해서 말했습니다. 그렇습니다. '두려운 영광' 입니다. 본질의 여정을 떠나는 이 땅의 목회자들, 설교자들을 기다리고 있는 것은 두려운 영광입니다.

저는 성공에 대한 달라스 윌라드 박사의 이 말을 좋아합니다.
"내가 천국에 가고 싶은 이유 가운데 하나는 세상에서 눈길 한 번 받지 않았지만 하나님이 '잘하였도다. 내 착하고 충성된 종아'라고 맞이하실 수많은 하늘의 성공자들을 만나는 기쁨을 누리고 싶기 때문입니다."

시간이 지날수록 세상의 성공자가 아니라 하늘의 성공자를 만나고 싶은 마음이 간절해집니다. 이 책이 독자 여러분에게 '나의 버킷 리스트'를 만들게 하는 작은 동기를 부여해줄 수 있다면 좋겠습니다. 목사 건, 소위 '평신도' 건 크리스천 모두는 지금 서 있는 터전에서 목회자입니다. 제가 목사 열 분에게 질문했던 목회와 인생, 성공에 대한 답을 음미하며 리스트를 한번 작성해보면 어떨까요?

이 책이 나오기까지 감사드릴 분이 참 많습니다. 그래서 더욱 감사합니다. 모든 분들에게 감사합니다.

이태형

■ 차례

들어가는 말 : 본질의 목회, 본질의 설교를 찾아서 • 6

01 ··· 설교는 십자가입니다 • 15
옥한흠 | 사랑의교회 원로목사

02 ··· 엎드림 속에 길이 있습니다 • 47
정필도 | 부산 수영로교회

03 ··· 참을 수 없는 가벼움을 떨쳐내라 • 71
홍정길 | 남서울은혜교회

04 ···  자기부정과 순리의 목회 • 97
이정익 | 신촌성결교회

05 ··· 설교를 자랑하지 않는다 • 125
이동원 | 지구촌교회

06 ··· 빈손으로 시작해 빈손으로 갑니다 · 149
하용조 | 온누리교회

07 ··· 복음을 미끼로 삼지 말라 · 175
이재철 | 한국기독교선교백주년기념교회

08 ··· 좋은 교회를 넘어, 영광스런 교회로 · 207
정삼지 | 제자교회

09 ··· 역전의 하나님을 소망하라 · 233
강준민 | LA 동양선교교회

10 ··· 들리는 설교를 해야 합니다 · 263
전병욱 | 삼일교회

설교는 십자가입니다

옥한흠

옥한흠

한국복음주의권을 대표하고 가장 존경받는 목회자 중 한 명인 옥한흠 목사(사랑의교회 원로목사)는 1978년 사랑의 교회를 개척한 이래 '한 사람을 그리스도의 제자로' 라는 모토로 제자훈련 사역을 꾸준히 실행하여 '평신도 사역' 과 관련해 하나의 건강한 교회모델을 세웠다는 평가를 받는다. 또 한국교계의 갱신과 연합에 앞장 서온 그는 목회세습 문제로 기독교에 대한 사회 여론이 좋지 못할 즈음 정년을 5년이나 앞둔 조기 은퇴로 모범적인 세대교체를 이루어 교계와 사회에 신선한 반향을 일으키기도 했다. 지난 40년 가까이 강단에서 열정적인 메시지를 전해왔지만, 10만 명 앞에서도 뜨겁게 말씀을 전했지만 그럼에도 여전히 설교가 가장 어렵다고 털어놓는 그가 전하는 참된 설교와 목회, 크리스천의 삶 등에 관한 이야기를 들어본다.

설교, 그 영원한 십자가

서울 서초동 사랑의교회 원로 옥한흠 목사에게 설교는 십자가이다. 평생 설교를 십자가라고 생각했다. 누가 혹 "목사님에게 설교는 과연 무엇입니까"라고 물으면 늘 "설교는 십자가이지요"라고 말한다. 여기서 그가 말하는 십자가의 의미는 예수님이 달리신 십자가처럼 대속의 뜻을 지닌 것이 아니다. 그저 힘들고, 무겁고, 벗어버리고 싶은 것, 때로는 스스로에게 굉장한 고통이 되었던 것이 바로 설교였다는 이야기다.

사실 옥 목사 정도의 연륜이 되면 설교를 즐거운 작업이라고 말할 수 있어야 하지 않을까? 그래야 지금 고통스럽게 설교를 준비하는 수많은 사람들이 옥 목사의 나이 정도가 되면 설교가 즐거운 작업이 되겠지 하는 소망을 품을 텐데 말이다. 그가 '설교는 십자가'라고 말한 데에는 자신이 평생 설교하면서 고민했던 이유가 그 근원에 깔려 있다.

그는 자신이 전하는 설교 말씀이 과연 하나님의 바른 말씀인가에 대한 확고한 신념이 흔들릴 때가 있기 때문에 설교가 확신에 찬 즐거운 작업이 아니라 십자가를 지는 것과 같은 고통스러운 일이라고 생각한다. 설교자가 성경 본문을 인용한다고 해서 그것을 꼭 하나님의 말씀이라고 할 수 있을까? 성경 구절 몇 개를 들고 나와 이야기한다고 해서 그것을 하나님의 말씀이라고 할 수 있을까? 설교자의 양심으로 "그렇지 못하다"라고 말할 때가 있다는 것이다.

"종교개혁 시대의 설교자들은 자신들이 전하는 설교가 하나님의 말씀이라는 철저한 확신이 있었습니다. 자신들이 준비한 설교 원고를 성경과 맞먹는 하나님의 말씀이라고 생각했습니다. 그래서 그 당시의 설교문을 읽어보면 군더더기가 없습니다. 저 역시 하나님의 말씀이라고 생각하며 설교를 준비합니다. 그러나 간혹 '이게 하나님이 지금 주시는 시대의 메시지인가'라는 의문이 드는 설교를 할 때가 있습니다. 성경 본문을 해석하기는 했지만 그 해석이 정말 하나님의 음성이라기보다는 내 뜻이 담긴 것일 수도 있잖습니까? 그래서 내 설교가 하나님의 말씀이라는 확신이 흔들릴 때가 있습니다. 그만큼 설교자가 하나님의 음성을 듣기가 쉽지 않다는 이야기지요."

옥 목사는 성경 본문을 묵상할 때 하나님이 오늘 이 시대를 위해서, 나를 위해서 주시는 메시지가 바로 이것이다'라는 확신이 들어야 하는데 그렇지 못할 때가 많았다고 고백한다. 그 말씀이 하나님의 음성이라면 설교자 자신부터 그 말씀에 사로잡혀 있어야 하는데 그렇지 않을 때가 있었다는 것이다. 그가 평생 동안 성경 본문을 놓고 씨름하며 분투, 노력하는 이유는 하나님의 음성 듣기가 쉽지 않아서였다.

"성경을 깊숙하게 연구하면서 사람들에게 듣기 좋도록 설교문을 준비하는 일은 얼마든지 할 수 있습니다. 그러나 그 일을 하면서 하나님이 오늘 우리 모두에게 주시는 그분의 음성이라는 확신, 선지자적인 사명을 갖고 외칠 수 있는 확고한 신념이 생기지 않을 때가 많거든요. 짧은 시간 내에 설교문을 준비해서 주님의 말씀을 재미있게 전하는 사람들을 보면 정말 대단합니다. 어떻게 하기에 하나님의 음성을 그렇게 쉽게 듣는지 굉장한 호기심이 듭니다."

내놓고 이야기하지 않았지만 그의 말에는 이 시대의 설교자들에 대한 강한 비판이 들어 있었다. 사실 자신의 뜻, 자신의 목적을 하나님의 뜻이라고 강변해왔던 설교자들이 얼마나 많이 있었겠는가? 수없이 선포되지만 거기에 실체적인 확신이 결여된 설교는 또 얼마나 많았겠는가? 교회에서 목회자들이 습관적으로 "사랑하는 성도 여러분"이라고 말할 때 '과연 저 사람이 성도들을 자기 자녀만큼 사랑하고 있을까?' 하는 생각이 든 적이 없는가? '사랑'이란 단어가 지닌 진정한 의미를 새긴다면 그런 말을 결코 쉽게 할 수는 없을 것이다.

"어떤 면에서는 한국교회 내에서 설교로 성도들을 기만하는 경우가 생길 수 있다고 봅니다. 또 말씀을 선포할 때는 하나님의 말씀을 바로 해석하고, 깨닫고, 그것이 분명한 하나님의 음성이라고 확신했지만, 몇 년 지나고 보니 그게 아니었더라 하는 경우도 있겠지요. 그렇다면 허탈한 일이 아닐 수 없습니다."

그는 자신에게는 분명 설교자로서의 양심과 신념이 있다고 강조한다. 설교는 하나님의 말씀을 전하는 것이라는 분명한 확신이 있다는 것이다.

"다시 강조하지만, 설교는 하나님의 말씀을 전하는 것입니다. 내 말을 전하는 것이 아닙니다. 그렇다면 설교자는 그때그때 성경을 통해 하나님의 음성을 들어야 합니다. '듣는다'는 것이 어떤 것인지에 대해서는 긴 설명이 필요하지만 한마디로 말하자면 '나는 이것이 하나님이 주신 메시지라는 확신이 있다'는 감정이 생겨야 합니다. 그리고 '이 메시지는 하나님의 말씀에서 절대 빗나가지 않았고 내 말을 보태지도 않았다. 예화 하나도 하나님의 말씀이기에 필요해서 썼다. 단지 분량을 메우기 위해 쓴 게 아니다'라는 확신이 있어야 하는 것입니다. 항상 이런 확신을 갖고 설교를 할 수 있다면 그 설교는 강력해질 수 있습니다. 하지만 그렇지 못할 때가 많기 때문에 설교가 늘 십자가처럼 느껴집니다."

성도들의 삶에 열매가 맺히는지 보라

설교를 통해 성도들 안에 하나님이 진정으로 원하는 변화가 일어나고 있는지 확인하는 게 설교자에게 중요하다. 옥 목사가 40년 가까이 설교를 해오면서 늘 탄식하는 것은 그 변화가 잘 일어나지 않는다는 사실 때문이다. 설교를 들을 때에는 사람들이 감동을 많이 받는 것 같지만 그것이 곧 변화를 의미하지는 않는다.

성경이 말하는 변화는 말씀을 듣고 순종하는 자리까지 가는 것

설교를 통해 성도들 안에 하나님이 진정으로 원하는 변화가 일어나고 있는지 확인하는 게 설교자에게 중요하다. 옥 목사가 40년 가까이 설교를 해오면서 늘 탄식하는 것은 그 변화가 잘 일어나지 않는다는 사실 때문이다. 설교를 들을 때에는 사람들이 감동을 많이 받는 것 같지만 그것이 곧 변화를 의미하지는 않는다.

이다. "내가 너희에게 분부한 모든 것을 가르쳐 지키게 하라"는 마태복음 28장 20절의 말씀대로 청중들이 살아가는 것이다. 변화는 말씀을 듣고 순종함으로써 예수의 제자가 되는 성숙한 지경에 이르는 것이다. 말씀을 들어 순종하고 주님을 닮아가는 것, 각자의 처지에서 온전한 자리에 이르는 것이 변화이다. 그런데 옥 목사는 자신의 설교를 들은 청중 가운데 이런 변화를 실제로 체험하고 있는 사람들이 얼마나 있는가를 생각할 때 실망감을 느낀다는 것이다.

"능력 있는 설교자는 사람을 변화시킬 수 있어야 합니다. 설교를 듣는 사람들이 자신의 죄를 철저히 회개하고 그 자리에서 돌이킬 수 있게 만들어야 합니다. 설교를 듣고 청중들이 주님의 말씀에 순종하려는 결단을 다시금 해야 합니다. 그렇게 결단한 영향이 실제 삶에 나타나고 인격이 자신도 모르게 주님을 바로 따라가는 제자의 모습으로 변해야 합니다. 그런데 현대 설교로는 이런 변화를 지향하기는 어렵다고 생각됩니다. 현대 설교가 안고 있는 본질적인 취약점 때문이지요."

그가 보기에 이 땅에는 설교 만능주의에 빠진 목회자들이 많다. 변화를 이끌어 내지는 못하면서도 설교 하나면 모든 것이 된다고 생각하는 목회자들이 부지기수이다. 강단에서 30~40분간 이루어지는 설교가 결코 성경이 말하는 가르침이나 설교의 전부가 아니다. "내가 너희에게 분부한 모든 것을 가르쳐 지키게 하라"는 주님의 말씀은 강단 설교의 스타일만 의미하는 것은 아니다. 그렇게 생각하는 자체가 위험하다고 그는 경고한다. 교회에는 설교 말고도 가르치는 수단이 다양하게 존재할 수밖에 없다. 그래서 그는 제자훈련이라는 프로그램을 강조해왔다. 설교를 통해서도 변화되지 않는 성도들의 생각과 삶을 제자훈련으로 변화시키려고 노력하고 있다. 그 총체적인 것이 목회요, 말씀 사역인 것이다.

"그런데 저와 공감하지 않는 분들이 있는 것 같습니다. 한국교회 내에는 분명 설교 만능주의에 빠진 분들이 있습니다. 설교 만능주의는 결국 설교 홍수시대를 만들었습니다. 설교 하나면 다 된다고 생각하니 너무나 설교가 많은 겁니다. 설교가 너무 많고, 한 목회자가 설교를 지나치게 자주 합니다. 그렇게 하다보면 질이 떨어질 수밖에 없습니다. 청중들이 자극을 받는 강도가 약해지는 것도 당연합니다. 요즘처럼 매스컴과 인터넷으로 언제나 설교를 들을 수 있는 시대에는 설교가 없어서라기보다는 너무 많아서 문제입니다. 설교 홍수시대에 설교자들은 자연스레 청중을 의식하게 됩니다. 사람들이 환호하고 자주 듣게 되는 설교일수록 사람들의 변화를 일으키는 강도는 약해질 수밖에 없습니다."

한국교회가 강단의 위기를 극복하고 부흥의 주도적 변수가 되기 위해서는 설교 만능주의를 탈피해야 한다고 그는 말한다. 하나님의 말씀을 통해 성도들이 제자의 모습으로 변화될 수 있도록 지도자들이 겸손하게 대안을 찾아야 한다는 것이다.

"주님은 '내가 너희에게 분부한 모든 것을 가르쳐 지키게 하라'고 했습니다. 그러므로 좋은 설교를 천 번 들어도 안 지키는 사람은 설교를 한 번도 안 들은 사람이라고 할 수 있습니다. 천 번 설교를 했다고 해도 듣는 사람들의 마음과 삶에 변화를 일궈낼 수 없다면 한 번도 설교를 하지 않은 것과 같습니다. 그러니 설교는 설교자에게 십자가일 수밖에 없습니다."

옥 목사가 보기에 설교 시간에 눈물을 많이 흘리는 사람일수록 문제가 많다. 예배를 마치고 나서 "오늘 은혜 많이 받았습니다"라고 말하는 사람에게 정작 문제가 많다는 것이다.

"설교를 들은 성도가 그저 내 눈앞에서는 조금 눈물을 흘리고 집으로 돌아가서는 달라진 게 없는 사람으로 산다면 '그 책임을 내가 어떻게 질까' 하는 생각도 듭니다. 제가 너무 지나친 것인가요?"

청중의 귀에 들리는 설교를 하라

옥 목사에게 설교는 하나님의 계시의 말씀을 오늘을 사는 사람들이 듣도록 전달하는 커뮤니케이션 수단이다. 수천 년 전 하나님이 모세에게 주신 말씀이 오늘날 나에게 들리는 하나님의 음성이 되도록 해주는 봉사가 설교라는 것이다. 그래서 청중에게 설교는 귀에 들어오는 것이어야 한다. 설교가 들리느냐 들리지 않느냐는 전적으로 설교자에게 달려 있다.

"같은 음식이라도 아이들이 잘 먹느냐, 아니면 몇 번 먹고 숟가락을 놓느냐는 어머니의 손에 달렸습니다. 설교도 똑같습니다. 청중이 설교를 듣지 않으려 해도 귀에 들어오는 설교를 해야 합니다. 어려운 작업이지요. 서론과 본론, 결론을 잘 처리한다고 해서 되는 게 아닙니다. 본문의 주석을 잘 했다고 해서 들리는 것도 아닙니다. 멋진 웅변조로 전달했다고 들리는 것도 아닙니다. 귀에 들리도록 설교를 하는 것을 '설교의 적절성'이라고 하는데, 여기에 도달하기 위해선 설교자가 반드시 해산의 수고를 해야 합니다."

그에 따르면 설교자는 설교를 준비해놓은 뒤에는 반드시 청중의 자리에 앉아서 자기 설교를 한번 들어봐야 한다.

"설교자가 시장 상인, 가정주부, 고위직 등 수많은 청중의 위치에 앉아서 준비한 메시지를 들어야 합니다. 그래서 자신이 전하는 메시지를 그 사람들이 어떻게 받아들일까 생각해야 합니다. 그들의 위치에서 피드백을 하는 것이지요. 이것은 상당히 고차원적인 노력입니다. 신앙생활을 오래하지 않은 사람들이 자신의 설교를 얼마나 알아들을까도 점검해야 합니다. 아무튼 설교자로서 청중의 입장에서 들으려고 노력하는 시간이 필요하다는 말입니다."

이런 과정을 거치면 설교문을 수없이 수정하게 된다. 공급자가 아니라 수용자의 위치에 섰을 때, 핵심은 불변하지만 커뮤니케이션 방법론에 따라 바꿔야 할 게 참 많더라는 것이다.

사랑의교회 성도들은 옥 목사의 설교를 가리켜 '들리는 설교'라고 말한다. 언제나 신앙의 본질을 말하는데 지루하지 않고 이해하기 쉽다고 한다.

"설교를 마치면 성도들로부터 '어떻게 제 사정을 족집게처럼 알고 말씀을 전해주셨나요?' 하는 소리를 자주 듣습니다. 또 많은 성도들이 '목사님은 주일마다 꼭 내게 필요한 말씀을 전해주신다'는 말을 합니다. 살아가는 처지가 다른 많은 청중들이 각기 오늘 설교가 나를 위해 준비되었다고 여긴다면 그 설교는 들리는 설교라고 할 수 있겠지요.

사실 그렇게 들리는 설교를 하기까지 남모르는 노력을 엄청 했습니다. 설교문을 피드백 받아보면 '여기에 손이 가야겠구나' '이 부분은 너무 딱딱하다' '이 부분은 너무 진부하고 현실감이 부족하다' 등 여러 가지 것이 느껴집니다. 그렇게 취약하게 느껴지는 부분을 다시 바꾸는 노력을 하지요. 생각에서 그치는 게 아니라 실제로 바꿔야 합니다. 문장이 부족하면 문장을 다듬고, 예화가 부족하면 예화를 고쳐야 합니다. 전체 흐름이 딱딱하면 흐름을 바꿉니다. 설교문 한 편을 쓰는 데 열 번 이상 바꾸는 경우도 있습니다. 한 편의 주일설교를 위해 일주일 내내 작업을 하는 겁니다. 원고 쓰랴, 피드백 하랴, 다시 원고 쓰랴⋯ 이것이 어떻게 쉬운 작업이겠습니까? 설교를 쉽게 만드는 사람들이 볼 때는 '웃긴다' 고 하겠지요."

2007년 7월, 옥 목사는 서울 상암동 월드컵 경기장에서 열린 평양대부흥운동 100주년기념대회에서 23분간 메시지를 전했다. 10만여 명의 청중들이 그의 설교를 들었다. 당시 그는 요한계시록의 사데교회를 본문으로 한 설교에서 "한국교회는 겉으로 보기에는 자랑거리가 한두 가지가 아니지만 목사의 신뢰도는 하위권"이다, "무종교자에게 가장 인기 없는 것이 기독교이고 기독교인들은 이중인격자로 불리는 것이 지금의 현실"이라며 회개를 촉구했다. "저 역시 신자들이 듣기 좋아하는 믿음만 이야기하며 입만 살아있는 교회를 만들었습니다"라고 회개하는 그의 목소리는 격한 감정에 중간 중간 떨리기도 했다. 그가 설교를 마치고 언급했던 첫 마디가 사람들의 가슴을 울렸다.

"주여, 이놈이 죄인입니다. 제가 입만 살고 행위는 죽은 교회를

2007년 7월, 옥 목사는 서울 상암동 월드컵 경기장에서 열린 평양대부흥운동 100주년기념대회에서 메시지를 전했다. "저 역시 신자들이 듣기 좋아하는 믿음만 이야기하며 입만 살아있는 교회를 만들었습니다"라고 회개하는 그의 메시지는 참석한 모든 사람들의 마음을 뒤흔들었다.

만든 장본인입니다. 주여, 저희를 불쌍히 여기고 성령을 부어주옵소서. 한국교회를 깨끗하게 하여주옵소서. 한국교회를 살려주옵소서"라고 그는 기도했다. 설교가 끝난 뒤 많은 사람들이 "폐부를 찌른 명설교였다"고 말했다. 옥 목사는 그 설교를 어떻게 준비했을까?

"23분 동안 10만여 명의 청중들 앞에서 성령 100주년을 기념하고, 회개의 의미를 지닌 설교를 해야 했습니다. 무엇보다도 10만여 명의 청중들이 귀를 기울이도록 해야 했습니다. 제가 준비한 설교문은 모두가 별로 듣고 싶지 않은 내용이었습니다. 그러나 듣고 싶지 않아도 귀가 끌려가도록 설교문을 만들어야 했지요. 처음 원고를 만든 후 스무 번 정도 고쳤습니다. 하도 고민하면서 고치니까 아내가 '지금까지 몇 번 설교문을 고쳤어요' 라고 묻더군요."

설교자들은 자다가도 하나님이 영감과 힌트를 주시면 벌떡 일어나 메모해둬야 한다는 것이 그의 지론이다. 성도들이 한 마디라도 더 하나님의 음성을 들을 수 있도록 모든 노력을 기울여야 한다는 것이다. 그 설교 한 편을 듣고 더 이상 설교를 들을 수 없는 사람이 있다는 자세로 설교를 준비하고 전해야 한다는 것이다. 그래서 설교자에게 설교는 십자가이다.

"이 모든 과정이 기쁨이 되어야 하는데, 제가 부족해서 십자가가 되고 있어요. 별 수 없는 일이지요."

설교의 균형을 이루라

옥 목사에게 설교가 십자가인 또 다른 이유는 설교의 균형을 이루기가 쉽지 않기 때문이다. 설교자는 성도에게 유익한 것들은 모두 전해야 한다는 지론을 그는 갖고 있다. 사도행전 20장 20절에서 사도 바울은 "유익한 것은 무엇이든지 공중 앞에서나 각 집에서나 거리낌이 없이 여러분에게 전하여 가르치고…"라고 말했다. 바울의 이 같은 태도가 설교자의 자세가 되어야 한다. 하나님을 대리해서 말씀을 전하는 설교자는 절대로 자신의 말을 전해선 안 된다. 하나님이 전하라고 하는 것은 반드시 전해야 한다. 사람들이 좋아하건 좋아하지 않건 전해야 하는 것이다. 이것이 설교자의 양심이다. 그러나 요즘의 강단에서는 성도들이 듣기 거북하고 부담스러워하는 것은 피하는 경향이 있다.

"한국교회 강단의 가장 심각한 문제 가운데 하나가 불균형입니다. 성도들이 말씀을 편식하는 겁니다. 편식하게 만든 주범은 설교자입니다. 오늘을 사는 크리스천들이 영적으로 제대로 살기 위해선 듣기 싫지만 들어야 하는 것들이 참 많습니다. 그런데 한국교회 강단에서 그런 내용들이 제대로 선포되지 못하고 있습니다. 설교자도 인간이기 때문에 한 주간 내내 세상에서 시달리고 힘들게 살다 온 사람들에게 또다시 부담을 주기 싫어합니다. 그들의 마음을 찢는 설교는 하고 싶지 않거든요. 설교를 준비할 때 '이번 주에는 이 말씀이 꼭 필요한데…' 라고 생각하면서도 넘어가 버립니다. 그저 교인들에게 전하기 쉽고, 전할 때 분위기 좋은 말만 하는 겁니다. 서로 마음이 가볍기 위해서지요. 그러나 그런 메시지만 선택하니 강단이 균형을 잃어버리게 되는 겁니다."

균형을 상실한 강단에서는 복음만 강조하고 율법의 중요성은 등한히 여긴다. 믿음만 강조하고 순종은 가볍게 여긴다. 성공과 긍정만 난무한다. 결국 값싼 은혜를 전하는 메시지만 남게 된다. 옥 목사는 이런 것들이야말로 성도들을 보이지 않게 서서히 허약체질로 만드는 아주 무서운 설교가 될 수 있다고 경고한다. 설교자는 항상 '내가 과연 균형을 잘 잡고 있는가' 하며 자신을 돌아보아야 한다. 그래서 설교는 설교자에게 십자가가 될 수밖에 없다.

균형을 상실한 강단에서는 복음만 강조하고 율법의 중요성은 등한히 여긴다. 믿음만 강조하고 순종은 가볍게 여긴다. 성공과 긍정만 난무한다. 결국 값싼 은혜를 전하는 메시지만 남게 된다. 이것이야말로 성도들을 서서히 허약체질로 만드는 아주 무서운 설교이다.

성경적 근거가 없다면 설교가 아니다

옥 목사가 미국 레이크우드교회의 조엘 오스틴 목사가 쓴《긍정의 힘》,《잘되는 나》에 부정적인 생각을 갖고 있다는 사실은 이미 잘 알려져 있다. 그는 오스틴 목사의 설교에는 복음이 빠져 있다고 비판한다. 오스틴 목사가 설교에서 성경적인 이야기를 하지 않는다고 지적한다. 성경적이지 않은 것을 성경적인 것처럼 포장해놓은 게 문제라고 질타한다. 아무리 성경에 '내게 능력 주시는 자 안에서 내가 모든 것을 할 수 있다'고 기록되어 있더라도 스스로를 하나님이라고 생각해서는 안 된다는 것이다. 그에 따르면, 크리스천이 긍정적이고 창의적으로 생각해야 한다면 자연스레 그 배후에는 신학이 따라오며 긍정의 원천이신 하나님과 성령님의 역사를 강조하게 되어 있다. 그런데 그것을 제쳐놓고 무조건 '당신은 할 수 있다'라고 말하는 것은 아주 이상한 접근법이라는 것이다.

"오스틴 목사는 설교를 하는 것이 아닙니다. 그는 그것을 설교라고 할지 몰라도 적어도 제가 보기엔 설교가 아닙니다. 무엇보다도 그의 설교에서 성경적인 근거를 찾을 수 없습니다. 사람이, 특히 크리스천이 그리스도 안에서 긍정적인 사람이 되기 위해선 그 이전에 거쳐야 할 과정이 있습니다. 먼저 회개해야 합니다. 또한 중생하고 믿으며 순종해야 합니다. 자신을 죽이고 부인해야 합니다. 그것은 일종의 과정입니다. 성경에서는 하나님을 모르는 사람의 자아를 철저하게 부정하고 있습니다. 그런데 그것을 무시하고 '당신들이 긍정적으로 생각만 하면 된다'고 무조건 치켜세우는 것은 성경의 뿌리를 완전히 뽑는 것과 마찬가지입니다. 죄를 고백하고 중생을 경험한 사람들에 대해서는 긍정적인 자아를 강조할 여지가 있습니다. 그러나 중생과 관계없는 모든 사람에게 긍정적인 메시지만 전하는 것은 탈선입니다. 탈선도 이만저만한 탈선이 아니지요.

회개와 중생, 순종의 과정을 거친 사람들은 오직 하나님에 의해서 긍정적인 것을 긍정하게 됩니다. 하나님이 보실 때 긍정적인 것을 내가 긍정하게 되는 것입니다. 그런데 오스틴 목사의 설교에서는 내가 하나님이 되어버립니다. 포스트모던 시대의 전형적인 설교 스타일이지요. 내가 믿는 대로 뭐든지 된다고 하잖습니까? 그게 사람입니까? 전지전능한 하나님이지…. 그것은 성경적인 설교가 아닙니다. 그 메시지를 듣는 사람들은 모두 좋아합니다. 부담이 없으니까, 믿어서 나쁠 게 없다고 생각하니까요. 언론도 법석을 떱니다. 사람들이 모이니까요. 세상은 그런 것에 관심을 둡니다. 그런데 모든 사람들이 좋아한다고 해서 복음입니까? 그 내용을 냉정하게 성경에 비춰보아야 합니다."

긍정의 힘은 로버트 슐러나 노만 빈센트 필 등이 주창한 적극적 사고방식Positive Thinking 과 맥을 같이한다. "적극적 사고방식은 이미 슐러 목사를 통해 입증이 되었습니다. 그의 설교를 제일 좋아하는 사람이 비버리힐즈에 사는 연예인들이라는 말이 있잖습니까? 엉망으로 사는 연예인들이 제일 좋아하는 메시지가 무슨 하나님의 메시지입니까?"

오스틴 목사를 옹호하는 목회자들은 그가 설교에서 '적용'을 하고 있다고 말한다. 이에 대해서도 옥 목사는 신랄한 지적을 가한다.

"잘못 짚은 거지요. 성경의 진리가 제대로 밝혀지기 전에는 적용이 설교의 목적이 될 수 없습니다. 성경이 제대로 해석되고, 성경에서 하나님의 뜻이 제대로 드러났을 때 거기에 반응해서 '내가 어떻게 살 것인가'를 말하는 것이 적용입니다. 그런데 성경의 진리에 대해선 전혀 언급하지 않고 그냥 사람들에게 적용할 수 있는 부분만 가지고 모든 설교를 도배질하는 것은 문제가 있습니다. 설교가 아닙니다. 성경적 적용을 하는 것이 아닙니다."

그는 이와 같은 문제에 대한 대화를 자세히 들어보면 그 사람의 신앙적, 혹은 신학적 배경을 알 수 있다고 말한다. 그 사람이 인본주의적인 경향이 강한 사람인가, 신본주의적인 경향이 강한 사람인가를 금방 알 수 있다는 설명이다. 새들백교회의 릭 워렌 목사에 대해서는 비교적 후한 평가를 내린다.

"워렌 목사의 설교는 성경을 기초로 하고 있습니다. 성경 내용을 비신자나 초심자들이 알아듣기 쉽게 전하기 위해 노력합니다. 워렌 목사도 적용을 합니다. 그런데 그는 말씀을 잘 알아듣게 하는 적용에 신경을 쓰고 있지요. 말씀을 풀어서 설명함으로써 비신자들까지도 쉽게 받아들일 수 있도록 적용하고 있습니다. 그런 측면에서 오스틴 목사와 비교할 수 없지요."

지금 우리에겐 야고보서가 필요하다

옥 목사가 보기에 지금 한국교회에는 야고보서가 꼭 필요하다. 야고보서는 '네 믿음을 네 행위로 보이라' 는 것이 핵심이다.

"흔히 야고보서와 로마서가 대립된다고 하는 것은 잘못된 생각입니다. 로마서는 구원받는 믿음을 가지지 못한 사람에게 그 믿음을 가르쳐 줍니다. 야고보서는 믿으면서도 삶이 따라오지 못한 사람들을 대상으로 하는 이야기입니다. 같은 믿음을 다루면서도 초점이 서로 다른 것이지요.

구원 받을 만한 믿음의 증거는 열매입니다. 그 열매는 순종입니다. 믿음에는 반드시 순종이 따라옵니다. 순종은 믿음을 전제합니다. 동전의 앞뒤와 같지요. 한국교회는 성장을 우상으로 삼다보니 값싼 복음을 전하는 데 익숙해졌습니다. 값싼 복음은 결국 믿음의 열매를 강조하지 않습니다. 믿기만 하면 구원받는다고 말합니다. 믿으면 무엇이든 성취된다고 강조합니다. 여기에 너무 세뇌되다보니 교인들은 스스로 순종해야겠다는 마음의 조급함을 별로 갖지 않습니다. 그러다 보니 세상 사람들 눈에 믿는 사람과 안 믿는 사람의 차이가 없어지는 것이지요. 한국교회가 사느냐 죽느냐는 믿음의 열매를 세상 사람들에게 보여주느냐 보여주지 못하느냐에 달려 있습니다. 주님이 오죽했으면 순종하지 않는 사람들을 가리켜 '모래 위에 집을 지은 사람들과 같다' 고 말씀하셨겠습니까? 한국교회가 지금 그런 상황에 왔습니다."

옥 목사는 향후 10년간 한국교회의 미래에 대해 비관적인 견해를 갖고 있다. 물론 50년이나 100년 정도의 장기적인 측면에서는 낙관적이다. 부흥을 일으키는 하나님 나름대로의 방법이 있기 때문이다. 이를테면 언젠가는 북한교회를 통해 남한교회의 부흥이 일어날 수도 있다는 것이다. 한쪽에서 영적인 함몰 현상이 일어나면 다른 쪽을 통해 부흥을 가져오게 하는 하나님의 방식이 있다는 것이다. 그러나 앞으로 10년만 내다볼 경우 한국교회의 미래가 심히 우려되지 않을 수 없다.

"한국교회는 자신도 모르게 세속화 되어가고 있습니다. 계속 세상을 닮아가고, 닮으려고 안간힘을 쓰고 있습니다. 이미 세상 가치관과 사상에 물든 사람들을 교회가 감당하지 못하는 단계에 왔습니다. 주일날 한 번 나와서 예배드린다고 그 물든 세상 풍조가 수정되지 않습니다. 세상 문화에 의해서 크리스천들의 생각이 변질되어가고 있습니다. 목사들도 마찬가지지요. 이것이 바로 세속화입니다."

그는 사회 전반에 만연된 반기독교적인 성향들에 대해서도 우려를 표명한다. 사회가 기독교 자체에 거부반응을 일으키는 것은 교회에 엄청난 부담이 아닐 수 없다. 한국교회가 이런 부분을 해결하지 못한다면 앞으로 존재는 하겠지만 강력한 힘을 쓰지는 못할 가능성이 높다고 그는 진단한다.

"앞으로 10년도 긴 세월입니다. 교회가 정신 차리고 제자리로 돌아오게 하도록 하나님의 확성기가 울릴 수 있는 가능성도 있습니다. 지금 자연 파괴로 지구촌이 몸살을 앓고 있습니다. 어떤 재앙이 찾아올지 모릅니다. 식량도 무기화 될 수 있습니다. 과학자들이 예상하는 불안한 미래가 현실이 되고 있습니다. 그럴 때 고난이 한국교회를 살리는 하나님의 채찍이 될 수 있습니다. 고난이 찾아올 때 교회는 제정신을 차리고 온전한 모습이 될 수 있을 겁니다. 그러나 지금과 같은 풍요로운 사회, 세계화 현상 속에서는 종교 다원주의와 종교 관용주의가 만연하고, 그런 분위기에서 기독교 자체에 대한 회의가 들 수 있습니다. 기독교의 본질성이 퇴색되는 경향이 강해질 것이라는 이야기입니다."

그는 앞으로 한국교회 내에 한 시대를 변화시키는 걸출한 영적 지도자들이 나와야 한다고 강조한다. 그렇게 시대를 앞서가는 지도자들이 나온다면 한국교회의 상황은 다시 달라질 것이라는 주장이다.

"지난 시절 한국교회의 성장은 사회의 경제적인 성장과 민주화 과정과 맞물려서 진행되었습니다. 그런 과정에서 김준곤, 조용기, 이성봉 목사 등 걸출한 인물들이 나왔지요. 이제도 한국교회의 흐름을 바꿀 수 있는 위대한 인물이 등장하기를 기도해야 합니다."

설교란 인격을 통해 전하는 진리

설교자에게 설교가 십자가인 또 다른 이유는, 설교자는 자신이 전하는 말씀과 일치된 삶을 살아야 하기 때문이다. 남은 가르치면서 자기는 가르치지 못한다는 사실이야말로 비극이고 위선이다. 이런 위선을 제일 많이 범할 수 있는 자리가 설교자의 자리라고 그는 설명한다.

"사실 지난주 설교를 듣고 양심의 가책을 받은 성도가 일주일 동안 그 말씀대로 실천하려고 노력했다는 간증을 들을 때에는 가끔 소름이 끼칩니다. 정작 나는 지난주에 무슨 설교를 했는지 잊어버린 채 새 설교 준비하는 데 혈안이 되어 있거든요. 이것은 설교자의 양심과 관련된 이야기입니다."

그는 진짜 능력 있는 설교는 설교자의 삶에 기초한 인격화되고 생활화 된 메시지라고 말한다. 삶을 통한 그 메시지가 전달될 때 청중을 움직일 수 있는 것이다. 아무리 내용이 화려해도 설교자의 삶과 메시지 사이에 커다란 괴리가 있을 때, 그것은 능력 있는 설교가 될 수 없다. 그는 실제로 이런 것들이 양심의 가책으로 다가오면서 설교가 무거운 짐으로 느껴질 때가 있다고 했다.

물론 설교에는 부담스러운 부분을 뛰어넘는 영광이 있다. 그가 제자훈련 세미나 때마다 언급하는 설교자가 있다. 미국의 설교자 필립스 브룩스(Phillips Brooks, 1835-1893)이다. 그는 브룩스가 지난 100년 사이에 태어난 가장 위대한 설교자 가운데 한 명이라고 믿는다. 브룩스는 옥 목사뿐 아니라 수많은 설교자들에게 영향을 주었다. 설교학자인 정장복 박사는 "스펄전이 설교의 황태자Prince of Preachers라면 브룩스는 강단의 왕자Prince of Pulpit"라고 말하기도 했다. 설교와 관련해 브룩스는 "설교란 인격을 통해 전하는 진리"라는 유명한 말을 남겼다. 그는 늘 "이 세상에 설교자의 사역에 비교될 수 있는 일은 없다"고 강조한다. 또한 "세상은 아직 들어야 할 최선의 설교를 듣지 못하고 있다. 진짜 좋은 설교는 앞에 남아 있다. 누가 그 설교를 할 것인가? 당신이 그 설교를 해야 한다"고 말한다. 지금 설교를 하고 있고, 앞으로 설교를 해야 할 사람에게서 진짜 좋은 설교가 나온다는 격려이다.

옥 목사는 설교자의 자리는 브룩스가 말한 것처럼 영광스러운

"하나님의 교회 중 99퍼센트에선 타고난 설교자가 아닌 평범한 설교자들이 설교를 합니다. 하나님은 그들을 사용하시고 실제로 그들을 통해 하나님 나라는 확장되어왔습니다. 타고난 설교자가 아니더라도 최선을 다해 설교자의 생명을 유지할 수 있다면 거기에 목숨 걸어야지요."

자리라고 말한다. 그래서 설교자는 즐겁게 설교를 준비해야 하며 늘 좋은 설교에 대한 비전을 가져야 한다는 것이다. 한편 역설적으로 이 같은 설교자의 영광이 있기에 설교는 그에게 그만큼 무거운 십자가로 다가온다.

설교에 목숨을 걸어라

목회자는 말씀에 온 생명을 걸어야 한다고 옥 목사는 강조한다. 그는 "좋은 설교를 위해서 설교자들은 어떤 노력을 해야 하는가"라는 질문을 받을 때마다 로이드 존 오길비라는 전 미국 상원 원목의 이야기를 해준다. 은퇴할 당시 오길비 목사는 "다시 목사의 사역을 해야 한다면 무엇을 가장 먼저 하고 싶습니까"라는 질문을 받았다. 이에 오길비 목사는 "최선을 다해 설교를 준비할 것입니다. 강단에 서의 1분이 서재에서의 한 시간과 맞먹는다는 사실을 미리 깨달았다면 좀 더 철저히 설교를 준비하는 목사가 되었을 것입니다"라고 대답했다. 옥 목사는 설교 한 편을 준비하기 위해서 목회자는 피와 땀과 노력을 바쳐야 한다고 강조한다. 설교의 중요성, 설교의 영광을 깊이 깨달으면 깨달을수록 결코 가볍게 설교를 준비할 수 없다는 것이다.

"주일설교에서는 약 40분 동안 한 본문을 가지고 말씀을 전합니다. 설교 본문을 읽고 그 내용을 자기가 큐티하듯이 발표할 수는 없지요. 그 내용이 생명의 말씀으로 살아나게 하기 위해서는 많은 살을 붙여야 합니다. 최선을 다해야 합니다. 혼이 담긴 노력은 배반하지 않습니다. 설교자들은 자신의 양심에 따라서 최선을 다해야 합니다. 저는 개척 초창기에는 메모 설교를 했습니다. 수천 명이 모인 뒤에는 원고 설교를 했지요. 그러나 청중들의 수와는 상관없이 언제나 말씀에 생명을 걸었습니다."

한 시대에 쓰임 받는 설교자는 태어나는 것일까, 아니면 만들어지는 것일까? 옥 목사는 시대를 변화시키는 위대한 설교자들은 후천적으로 만들어지기보다는 타고난다고 말한다. 찰스 스펄전, 필립스 브룩스, 조나단 에드워드, 마틴 루터 같은 위대한 설교자들은 한결같이 타고난 설교자들이라는 것이다.

그에 따르면 한국교회에서도 '설교를 잘 한다'는 평을 듣는 목회자들은 무언가 타고난 특성이 있다. 설교자에게 유리한 은사가 있다. 그런 은사를 갖추고 있는 사람들은 확실히 설교 분야에서 앞서가는 경향이 있다. 이를테면 어눌한 사람보다는 달변인 사람, 전달력이 좋은 사람이 똑같은 내용을 가지고도 효과적인 설교를 하게 마련이다. 영적 파워가 남다른 사람들도 있다. 인격과 개성 자체가 특별히 영성과 관련된 사람들도 있다. 디모데전서 3장에는 감독의 여러 가지 자격이 나온다. 그러나 은사는 오직 한 가지만 제기된다. 바로 가르치기 잘하는 은사이다. 은사는 타고난 것이다. 옥 목사는 좋은 설교자가 되기 위해서는 무엇보다도 타고난 은사, 하나님이 주신 특성이 있어야 한다고 말한다.

그는 스펄전과 로이드 존스, 존 스토트 등의 책을 즐겨 읽었다. 그런데 이 책들을 통해 설교 자체에 대해 깊이 생각할 수는 있었지만 설교를 잘하는 데 큰 도움이 되지는 않았다고 한다. 그의 말대로라면 이 땅의 많은 많은 설교자들은 좌절할 수밖에 없다. 스스로를 타고난 설교자라고 생각하는 사람이 과연 몇 명이나 될까?

"거듭 말하지만 하나님의 교회 중 95퍼센트, 아니 99퍼센트에선 타고난 설교자가 아닌 평범한 설교자들이 설교를 하고 있습니다. 이것은 보편적인 세계 역사입니다. 우리는 뛰어난 사람들만 이야기하는데 그 사람들이 미치는 영향은 1퍼센트 미만에 불과합니다. 그러기에 하나님은 탁월한 지도자뿐 아니라 99퍼센트의 평범한 사람들을 사용하시지요. 실제로 그들을 통해서 하나님 나라는 확장되어왔습니다. 그들의 인도 아래 수많은 성도들이 구원받고 신앙생활을 해왔습니다. 자신이 평범하다는 사실 때문에 절망하거나 자포자기하는 사람들은 야심이 있는 사람들입니다. 설교를 이용해 성공하겠다는 야심이 있는 것이지요. 순수하지 않은 야심입니다."

그럼에도 설교자라면 99퍼센트의 평범한 설교자보다는 1퍼센트의 비범한 설교자의 범주에 끼고 싶은 게 인지상정일 것이다. 이에 그는 한 마디를 덧붙인다.

"진짜 타고난 설교자는 타고난 것만 가지고 설교하는 사람들이 아닙니다. 하나님이 특별한 뜻 가운데 성령으로 무장하게 한 사람들이지요. 한 시대에 한두 명씩만 나오는…. 무디나 찰스 피니가 탁월했나요? 하나님이 특별한 목적을 갖고 그들을 만나주신 것입니다. 하나님이 그들에게 말씀을 주시고, 성령으로 기름 부어주셨기에 무디나 피니는 하루아침에 한 시대를 풍미하는 설교자가 되었습니다. 이것이 진리입니다. 진정 한 시대에 쓰임 받는 설교자가 되고 싶다면 성령의 손에 붙들려야 합니다. 그러면 비록 말을 어눌하게 하더라도 그것을 통해 하나님은 일하십니다. 배우지 못한 게 문제가 되지 않습니다. 설교 이론이 부족해도 괜찮습니다. 성령의 손에만 붙들리면 그 사람이 전하는 메시지가 능력이 되어 역사를 이루니까요. 그런데 분명한 것은 하나님이 모든 설교자를 그렇게 만들지 않는다는 것입니다. 하나님의 특별한 시대적 섭리가 있을 때에만 그런 위대한 설교자가 나옵니다. 따라서 거기에 내가 들어가지 않는다고 해서 좌절하거나 자포자기해서는 안 되지요."

옥 목사는 그런 특별한 섭리 아래 선택받아 사용되는 사람이야말로 진짜 설교자라고 말한다. 이 같은 섭리적 선택이 없을 때에는 설교에 유리한 조건을 타고난 사람이 설교를 좀 더 잘할 수밖에 없다. 그렇지 못한 사람들은 노력을 해서라도 설교하는 능력을 올려야 한다. 최선을 다하는 것이다.

"비록 타고난 설교자는 아니지만 최선을 다해 설교자의 생명을 어느 정도 유지할 수 있다면 거기에 목숨 걸어야지요."

오직 예수님만 남는 삶을 위하여

옥 목사는 65세이던 2003년 9월 오정현 목사에게 담임목사직을 넘기고 은퇴했다. 그의 '조기 은퇴'는 교회를 위한 아름다운 퇴장이었다. 그러나 은퇴 이후 허전함으로 심적 고통이 적지 않았다고 한다. 그는 지인들에게 이 같은 허전함을 털어놓기도 했다.

"내가 개척한 사랑의교회입니다. 본업을 손에서 놓으니 허전함이 찾아오더군요. 처음에는 허전함이나 심적 갈등이 없었지만 시간이 지나면서 마음이 산란해졌습니다. 이렇게 한가한 생각을 하지 않기 위해서는 열심히 일을 해야겠지요."

그는 목회란 주님이 피 값을 내고 사신 양떼(성도)들을 책임지는 것이라고 풀이한다. 목양牧羊 이야말로 목회자의 본업이라는 것이 그의 지론이다. 목회자의 본업은 세상을 떠날 때까지 지속되어야 한다. 그럼에도 대형교회 담임목사직을 내려놓은 그에게 인간적인 허전함은 존재할 수밖에 없을지 모른다. 그런 그가 앞으로 교회를 이끌어갈 지도자들에게 당부하는 말이 있다.

"지도자는 항상 '주님이 원하는 목회와 교회란 어떤 것일까'를 생각해야 합니다. 앞으로 10년 후면 아날로그 목회 시대는 막을 내리고 본격적인 디지털 목회 시대가 될 것입니다. 그때에도 새로운 환경 속에서 주님이 원하시는 목회가 무엇인지 고민하면서 주님의 말씀에 순종하며 나아가야 합니다."

2006년 옥 목사는 폐암 1기 판정을 받고 수술대에 올랐다. 수술은 성공적이었다. 당시 그는 무슨 생각을 했을까?

"담담했어요. 내 나이 정도 되면 떠날 생각하며 살아야 하지 않겠습니까?"

옥 목사는 지난 시절을 되돌아보니 자신을 통해 일하신 예수님은 정말로 이상한 분이셨다고 말한다. 자신은 그분을 전혀 이해할 수 없다는 것이다. 그분은 자신에게 몸에 맞지 않은 옷을 입혀 주셨다는 것이다. 그동안의 생을 돌아보면 '나의 나 된 것은 하나님의 은혜'라고 했던 바울의 고백이 절로 나오지만 자신이 그런 하나님의 은혜를 입은 것 자체가 이상한 일이라는 것이다. 자신은 그 은혜를 결코 이해할 수 없다고 했다.

"지금까지 저 같은 비천한 사람을 통해 역사하신 하나님의 사랑을 생각하면 제가 분에 넘치는 인생을 살았구나 하는 생각이 듭니다. 제게는 너무나 이상한 일이지요.

신학교에 들어갈 때나, 목회자로 사역할 때나 한 번도 지금의 사랑의교회와 같은 교회를 만들리라고는 생각하지 못했습니다. 제자훈련에 인생을 걸었지만 그 제자훈련이 30년의 긴 세월을 지나가면서 한국과 세계교회에 영향을 미치는 좋은 열매를 맺으리라는 것은 생각도 하지 못했고요. 또 한국교회 안에서 제 위치가 지금처럼 사람들의 주목을 받을 것이라고는 상상도 못했습니다.

무엇보다도 나 같은 사람을 통해 영적인 눈을 뜨고 새로운 인생을 살았다는 분들이 적지 않았다는 사실에 놀랍니다. 사실 제가 그런 일에 쓰임 받았다는 것 자체가 제게 너무 어울리지 않거든요. 또 제가 이런저런 병을 갖고 있었음에도 일흔 살을 넘겨 사는 것도 도저히 이해할 수 없는 일입니다."

옥 목사에게 인생은 무엇일까? 그는 인생이란 단어가 나오면 전도서를 이야기한다. 전도서 저자는 '헛되고 헛되다'를 연발했다. 해 아래의 수고가 모두 헛되다고 말했다. 그는 하나님 없는 인생은 결과적으로 헛되며 인생의 나날은 수고와 슬픔으로 점철된다고 언급했다. 그러나 크리스천의 인생관은 예수 그리스도 안에서 전혀 달라진다.

"하나님이 목적이 있어서 나를 세상에 보내셨습니다. 그리고 그 목적을 달성하기 위해서 나를 그리스도 안에 불러주셔서 하나님의 자녀가 되게 하셨습니다. 그리고 어떻게 인생을 살아야 할지 가르쳐 주셨습니다. 하나님이 나를 향해 지니신 목적을 성취시켜 드리기 위해 최선을 다하는 것이 인생입니다. 신자와 비신자가 내리는 인생에 대한 정의는 완전히 다르지요. 해 아래서 무의미한 인생, 목적 없는 인생이 주님 안에서 목적 있는 인생으로 변화되는 것입니다."

그 같은 인생에서 성공이 과연 무엇인지 묻자 그는 성공에 대한 질문을 받으면 숨이 막힌다고 했다.

"아니, 성경에 성공이란 단어가 있습니까? 성공은 이 땅에서 평가될 수 있는 성질의 것이 아닙니다. 마지막 날 판가름되지요. 하나님이 나를 통해 원하시는 목적을 이뤄드리는 것이 인생이요, 성공입니다. 우리는 하나님이 진짜 원하시고 의미를 두시는 성공을 이루어야 합니다. 크리스천들이 그런 성공에 만족하고 기뻐하는 사람이 되었다면 지금 세상은 완전히 달라져 있을 것입니다.

그런데 불행하게도 우리 예수 믿는 사람들조차 세상적인 개념의 성공을 받아들여 하나님이 주시는 축복마저 성공과 연관 지어 해석합니다. 그러나 하나님이 천국에서 진짜 성공한 사람을 대접해 준다고 할 때 그 사람들은 대부분 세상 사람들 눈에는 성공하지 못한 이들일 것입니다.

이를테면 아프리카 오지에서 평생을 바쳐 선교한 사람은 성공한 사람일까요? 복음을 지키기 위해 평생 동안 감옥에서 산 사람들도 있습니다. 빈민촌에서 목회하는 분들도 있습니다. 이름 없이, 빛 없이…. 세상은 이들을 성공했다고 말하지 않습니다. 절대 그렇게 말하지 않습니다. 그러나 하나님은 다르게 보십니다. 신자와 비신자 사이에 성공이라는 개념이 너무나 다릅니다. 그래서 예수 믿는 사람에게 세상에서 말하는 성공이 무엇이냐고 물으면 할 말이 없지요."

그런 그에게 물었다. "목사님이 이대로 사그라진다면 뭐가 남을까요?"

옥 목사의 대답이다. "오직 예수님만…."

엎드림 속에 길이 있습니다

-

정필도

정필도

부산 수영로교회 담임 정필도 목사에게는 따스함이 있다. 예수의 은혜를 체험한 사람에게서만 느낄 수 있는 넉넉한 너그러움이 있다. 그에게선 대형교회 목회자로서의 강력한 카리스마가 보이지 않는다. 그러나 카리스마 없음, 그것이 그의 가장 강력한 카리스마일지 모른다. 출석 성도 2만 5,000여 명의 대교회를 담임하는 그는 하루에 두세 시간씩 꼭 기도한다. '엎드림' 이야말로 하나님의 뜻을 아는 비결이라며 '위임받은 종의 소임'을 강조한다. 또 30년이 넘도록 매주 토요일마다 직접 성경공부를 가르쳐 왔다. 복음화율이 10퍼센트 미만인 부산 지역에서 수영로교회가 부산을 넘어 세계로 선교하는 교회로 성장하기까지 그가 강단 아래에서 보인 실천적인 삶을 살펴보고 목회와 설교에 관한 지론을 들어본다.

정필도

기도하는 교회

부산 수영로교회에 들어서면 마치 종합병원에 온 것 같다. 주일과 평일 가릴 것 없이 1층부터 성도들로 시끌벅적하다. 사명자학교, 가정행복학교, 노인학교 등 다양한 사역들이 일주일 내내 펼쳐지고 있다. 수많은 소그룹 공동체들이 역동적으로 만남을 갖고 있다. 교회는 앞으로 봉사와 선교의 사명을 감당하는 1만 개의 소그룹 공동체를 만든다는 비전을 갖고 있다. 매주 등록자들이 100여 명에 달하며 이 가운데 80퍼센트가 6주 제직 필수과정을 마친 뒤 교회에 정착하고 있다.

 2008년에 창립 33주년을 맞은 수영로교회는 부산 지역 최대 교회로 항도 부산의 복음화를 선도하고 있다. 1975년 6월 1일 부산 태창목재 구내 강당에서 부산 복음화, 민족 복음화, 세계선교의 비전을 갖고 탄생한 수영로교회는 33년 동안 말씀 중심, 은혜 중심, 선교 중심의 교회라는 확고한 목적을 지니고 사역해왔다. 수영로교회가 꿈꾸는 교회는 사도행전의 성령 충만한 교회다.

부산은 복음화율이 10퍼센트에 불과한 영적 열세 지역으로서 교회 수도 1,500여 개에 지나지 않는다. 이같은 상황에서 수영로교회는 적극적인 전도활동을 펼치면서 비신자들에게 다가가고 있으며 교계 연합운동인 부산성시화운동에 앞장서고 있다.

수영로교회 교인들에게 전도는 생활이다. 성도들은 교구별, 개인별로 전도에 열중하며 믿지 않는 사람들을 만나면 일단 복음부터 전하고 본다. 300여 명의 전도 특공대원들은 부산 지역 곳곳을 누비며 영혼 구원에 나서고 있다. 10퍼센트라는 부산의 복음화율은 거꾸로 생각하면 부산의 교회들은 90퍼센트의 '영적 황금어장'을 확보하고 있다는 뜻이 된다. 수영로교회 성도들은 이 황금어장에서 풍성한 수확을 하기 위해서 헌신하고 있는 것이다.

수영로교회는 기도하는 교회이다. 교회는 새벽 4시와 5시, 6시, 저녁 9시 등 하루 네 차례 기도회를 갖는다. 새벽예배 때마다 성전은 기도하는 사람들로 가득하다. 성도들이 뜨거운 기도를 드리는 예배당은 영적 용광로가 된다.

수영로교회는 선교하는 교회이다. 부산과 민족복음화를 넘어서 세계선교에 나선다는 개척 당시의 비전을 성취해나가고 있다. 교회는 현재 1,000명을 훌쩍 넘긴 선교사를 후원하고 있다. 이 가운데 100여 명이 교회가 직접 파송한 선교사이다. 1년에 30억 원을 선교 사역에 사용하고 있다. 개교회가 이 같은 규모의 선교를 하기란 결코 쉬운 일이 아니다. 교회는 앞으로 전 세계에 5,000명의 선교사를 파송할 계획을 가지고 있다.

수영로교회 교인들의 머릿속에는 부산 복음화, 민족 복음화, 세계선교라는 세 개의 키워드가 박혀 있다. 지난 2005년 창립 30주년을 맞아 수영로교회 성도들은 "부산 시민 모두에게 복음을 전하고 50만 명의 영혼을 직접 담당하며 5,000명의 선교사를 파송한다"는 비전을 세웠다. 그 비전을 이루기 위해 지금도 영적 파이팅을 내고 있다.

엎드림 속에 길이 있다

이렇게 교인들이 적극적이고 성령의 역사가 활발한 대형교회라면 그 담임목사의 카리스마는 또한 어떻겠는가? 청중을 한 번에 사로잡는 쩌렁쩌렁한 목소리와 강렬한 눈빛, 거부할 수 없는 지도력을 떠올리기 쉽지 않을까? 그러나 실제로 부산 수영로교회 담임 정필도 목사에게는 따스함이 있다. 그를 만나면 '저렇게 나이 들어가면 좋겠구나' 라는 생각이 든다. 그에게선 대형교회 목회자로서의 강력한 카리스마가 보이지 않는다. 그러나 카리스마 없음이 가장 강력한 카리스마일 수 있다.

 정 목사는 기도하는 목회자이다. 새벽마다 두세 시간씩 기도를 빠뜨리지 않는다. 출석 성도 2만 5,000여 명의 대교회를 담임하는 그에게 "바쁜 일정 가운데 어떻게 그런 기도 시간을 확보할 수 있습니까"라고 묻는 사람들이 있다. 그럴 때마다 그는 "아니, 기도하지 않고 어떻게 목회할 수 있습니까"라고 반문한다. 기도야말로 자신의 목회를 언제나 은혜롭고 생명력 있게 만드는 근본이라고 강조한다. 기도하지 않고는 성도로서 온전한 생활을 할 수 없다고 말한다. 수영로교회 성도들도 그와 더불어 기도한다. 그는 '기도하라' 는 설교를 하지 않는다. 먼저 기도 생활을 한다. 그러니 성도들이 따르지 않을 수 없다.

그가 후배 목회자들에게 강조하는 말이 있다.

"목사가 변화되는 만큼 성도들이 변하며, 설교는 강단에서 하는 것이 아니라 삶으로 해야 합니다."

수십 년간 목회하면서 깨달은 진리가 '목사가 변하면 교회가 변한다' 는 사실이다. 진실한 목회자가 되기 위한 조건은 달변과 지식이 아니라 엎드림이다. 목회의 가장 중요한 시간은 엎드리는 시간이며 엎드림 없이는 길이 없다.

그는 이른바 가방끈이 길고 좋은 목사이다. 서울대를 나와 총신대 신학대학원과 미국 풀러신학대학교, 리폼드신학교를 거치며 공부했다. 복음화율이 전국 최저인 부산에서 교회를 개척하여 초대형 교회로 성장시켰다. 그러나 정 목사는 자신이 지니고 있는 것을 자랑하지 않는다. 자신의 학력과 경력, 능력으로 목회를 하지 않았기 때문이다. 그는 그것들을 하나님께 위탁했다. 전적으로 주님께 위탁하는 '위임의 목회' 야말로 가장 위대하고 효과적인 목회라는 사실을 그는 알고 있다.

전적으로 주님께 위탁할 때 나타나는 현상은 너그러움이다. 전적 위임의 목회는 너그러움을 전염시킨다. 자신의 힘으로는 아무것도 할 수 없다는 목회자의 겸손한 자세를 통해서 성도들은 예수님의 너그러운 품을 느낄 수 있기 때문이다.

설교, 기도 가운데 준비하다

목회는 목사가 아니라 성령님이 하신다는 확고한 생각을 그는 갖고 있다. 1966년 신학교에 입학한 후 40년 넘게 목회를 하며 점점 더 깨닫는 것은 목회는 성령님이 99퍼센트 하시는 일이라는 사실이다. 목사인 자신은 그저 성령님께 쓰임 받는 도구에 불과하다. 나이가 들어가면서 더욱 실감한다. 일흔 살이 가까운 지금, 그는 자신이 하는 일 모두를 성령님이 해주시니 감사할 뿐이라고 한다.

그에게 목회는 불신자를 거듭난 신자로 만들고, 건강한 성도로 양육해서, 하나님께 영광 돌리는 성도가 되도록 만드는 사역이다.

"불신자가 거듭난 신자가 되는 것은 오직 성령의 역사로 가능한 일입니다. 거듭난 신자가 건강한 성도로 자라나는 것도 성령의 역사이지요. 그 사람들이 하나님께 영광 돌리면서 사는 것도 성령의 역사입니다. 결국 목회는 성령이 하시는 겁니다. 이 땅의 많은 목사님들이 이 중요한 사실을 빼놓고 하기 때문에 목회가 힘든 겁니다. 저는 목회가 정말 신나고 좋습니다. 정말입니다. 제 마음을 열어 보여드리고 싶군요. 성령님이 다 해주시니 얼마나 편하고 신납니까? 그런데 이 점을 놓치면 힘이 듭니다. 성령이 아니라 자기가 하려면 힘이 들게 마련입니다. 한계가 있을 수밖에 없습니다. 노력은 엄청나게 하는데 효과가 없는 것이지요. 여기에 현대 목회자의 고민이 있습니다. 그 같은 고민을 하게 된 가장 큰 이유는 성령과 함께 목회를 하고 있지 않기 때문입니다."

정 목사에 따르면 이 땅의 목회자들은 심각한 착각에서 벗어나야 한다. 모든 것을 반드시 자신이 해야 한다는 착각이다. 그 착각을 뛰어넘어 성령이 일하시도록 해야 한다. 목회자들은 성령이 기뻐하시는 주의 종이 되어 그분의 명령대로만 해야 한다. 사실 힘들 것이 없는 방법이다. 그러나 이 땅을 사는 보통 사람에게는 가장 힘든 방법일 수도 있다. 도를 깨치면 쉽지만 아직도 세상의 미몽 속에서 허우적거리면 너무나 어려운 일이 '전적 위임'일 것이다.

왜 많은 사람들이 쉬운 방법을 놔두고 어려운 길로 가는 것일까? '성령께 위탁하라'는 말은 사실 상식이 아닌가? 정 목사는 상식대로 살지 못하는 가장 큰 원인을 기도 생활의 부족으로 꼽았다. 기도에 대해 많은 이야기를 하지만 정작 기도 생활이 얼마나 중요한지 모른다는 것이다. 그는 기도야말로 목회자가 사모할 첫째 덕목이라고 강조한다. 성령님이 원하시는 뜻이 무엇인지 알기 위해서 기도하는 것이다.

정 목사는 매일 짧으면 두 시간, 길면 너댓 시간씩 기도하면서 인생과 목회의 모든 문제를 해결한다. 매일 장시간 기도하다보니 특별히 설교 준비 시간이랄 것도 없다. 설교도 기도 가운데 준비한다.

"참 신기합니다. 기도하는 가운데 말씀의 영감이 막 떠오릅니다. 기도하면 설교 준비가 되는 것이지요. 기도하는 시간마다 옆에 노트를 준비해놨다가 영감이 떠오르면 메모합니다. 어떤 때는 기도하면서 두세 편의 설교를 준비합니다."

그는 기도 가운데 영적 통찰력을 받는 것을 '사막에서 오아시스를 찾아 거기에 깃발을 꽂는 것과 같다'고 말했다. 그 깃발 꽂아 놓은 데를 파면 팔수록 샘이 나오듯 말씀의 샘도 풍성해진다는 것이다. 자신이 먼저 은혜를 받은 것, 기도 가운데 영감 받은 것을 가지고 설교하다 보니 청중들도 은혜를 체험한다고 한다.

충만한 믿음과 사랑이 교회를 살린다

수영로교회는 성령 충만, 믿음 충만, 사랑 충만이라는 핵심가치를 갖고 있다. 정 목사의 목회 철학이 투영된 가치이다. 정 목사에게 힘은 다름 아닌 믿음이다. 믿음이 곧 힘이다. 그는 교회 성장을 추구하지 않았다. 그러나 목회 경험상 믿음만큼 교회가 성장한다는 사실을 깨달았다.

수영로교회는 외환위기 때 새 성전을 지었다. 당시 많은 교회들이 성전 건축하면서 부도가 났다. 정 목사는 300억이 드는 새 성전 건축 계획을 발표할 때 건축을 위한 특별헌금 작정을 하지 않았다. '기도만 하라' '절대 빚 얻어서 헌금하지 마라' '기쁨으로 자원해서 하라'는 말만 했다. 2년간 대대적인 기도운동을 벌였다. 300억짜리 성전을 위해서 기도한 것이 아니라 믿음을 달라고 기도했다. 믿음만큼 기적이 일어난다고 믿고 또 믿었다. 300억짜리 성전을 지어 바치고도 남는 믿음만 구축하면 성전은 저절로 건축된다고 믿었다. 그 생각이 맞았다. 교회 건축 하는 내내 재정이 넘쳤다. 작정을 하지 않았는데도 매주 잔액이 15억에서 30억 정도가 남았다. 풍성한 은혜가 있었다. 믿음이 가져온 기적이었다.

정 목사는 사랑이 충만한 교회를 추구한다. 교회에 사랑이 넘칠 때, 세상의 빛이 될 수 있다. 하나님이 기뻐하신다. 천국에 갈 사람이 천국에 들어갈 때까지 모여서 천국 생활을 준비하는 곳이 교회이다.

"천국의 삶에는 사랑과 기쁨과 평강이 넘칩니다. 교회가 바로 이 땅의 천국이 되어야 합니다. 그런 교회에서 성도들은 행복할 수밖에 없지요."

수영로교회는 24시간 교회 문을 열어놓는다. 항상 사람들로 바글바글하다. 활기가 넘친다. 사랑이 있기 때문이다. 사랑이 없으면 사람들이 떠난다. 사랑이 넘치면 모인다. 이 단순한 사실을 정 목사는 목회 과정에서 실감했다.

마음 밭을 잘 가꾸라

정 목사는 이 시대의 목회자들은 무엇보다도 마음 밭이 좋아야 한다고 말한다. 목회자나 성도들 모두 마음 관리를 해야 한다.

"목회자가 딜레마에 빠지는 이유는 마음 밭이 잘못되어 있어서 그렇습니다. 크리스천들은 거룩한 마음을 가져야 합니다. 하나님은 거룩한 분이시기에 거룩한 자를 기뻐하시고 사용하십니다. 그러나 오늘날 한국의 목회자들은 거룩을 잃어버렸습니다. 하나님은 깨끗한 그릇을 쓰시는데 그 그릇이 더러워졌습니다. 그러니 온갖 방법을 동원해도 안 되지요. 주님이 기뻐하시지 않는데 어떻게 될

정 목사는 '기도하라'는 설교를 하지 않는다. 다만 새벽마다 두세 시간씩 기도를 빠뜨리지 않는다. 그러니 성도들이 따르지 않을 수 없다. 진실한 목회자가 되기 위한 조건은 달변과 지식이 아니라 엎드림이다. 목회의 가장 중요한 시간은 엎드리는 시간이며 엎드림 없이는 길이 없다.

수 있겠습니까?

목회를 쉽게 하는 방법은 철저히 회개하는 것입니다. 어디까지 회개해야 합니까? 사도행전 2장 38절 말씀과 같이 성령을 선물로 받을 때까지 철저한 회개를 해야 합니다. 성령 충만함을 받을 때까지 회개하면 죄를 이기고 거룩함을 유지할 수 있습니다. 그렇지 않으면 넘어지고 또 넘어집니다. 자신과의 싸움만 하다가 날 새지요. 그러다보니 목회자다운 목회자가 되질 못합니다. 무엇보다 마음 밭을 잘 관리해야 합니다."

목회자의 다음 덕목은 겸손이다. 정 목사는 겸손한 밭을 가꾸라고 조언한다. 하나님은 교만한 자를 제일 싫어하신다. 교만하면서도 교만한 줄 모르는 것이 이 시대의 가장 큰 문제 가운데 하나이다. 정 목사는 자신이야말로 교만했던 사람이라고 말했다. 말과 행동은 겸손히 했지만 자신 안에 교만의 뿌리가 깊이 박혀 있었다고 고백한다. 기도 가운데 주님이 그 점을 깨닫게 해주셨다. 교만하면 자꾸 남을 판단하고 비판하며 정죄하게 마련이다. 자기도 모르는 사이에 하나님의 자리에 올라간다.

"잘못된 사람에게 잘못됐다고 말하는 것이 당연하다고 생각했습니다. 그것이 교만인지는 몰랐습니다. 그런데 하나님이 책망하시는 겁니다. '너는 왜 판단과 정죄만 하느냐? 그 사람들을 불쌍히 여기고 그들을 위해 울어줄 수는 없느냐? 축복하며 안아줄 수 없느냐?'고 책망하셨습니다. 우리 하나님은 좋으신 하나님입니다. 우리는 사람들을 정죄하기보다 안아줘야 합니다."

그는 하나님의 책망을 들은 뒤 그 자리에서 회개하고 평소에 비난했던 사람들을 위해서 축복기도를 시작했다. 그들을 안아주는 마음으로 울면서 기도했다. 성령님이 기뻐하시는 것이 느껴졌다. 교만의 뿌리를 제거했더니 놀라운 일이 일어났다. 사람과의 관계가 회복된 것은 물론 부산 지역의 초교파 연합운동도 잘 이루어졌다. 그의 교만이 깨어지면서 부산성시화운동도 궤도에 올랐다.

정 목사는 매일 '엘리사보다도 일곱 배나 더한 영감을 달라'고 기도한다. 이 시대의 목회자에게 필요한 것은 엘리사의 영감이라고 그는 말한다.

"아무리 생각해도 이 나라를 복음화하고 땅 끝까지 복음을 전하는 것은 누구 한 사람의 힘만으로 안 되는 일입니다. 그러기엔 세상이 너무 악하고 혼란합니다. 하나님이 엘리사에게 갑절의 은혜를 주셨는데 저에게는 그 은혜를 일곱 배나 더하게 해달라고 저와 온 성도들이 기도하고 있습니다. 이 땅의 목회자들은 영감을 받아 시대를 똑바로 분별해야 합니다. 하나님의 뜻을 똑바로 깨닫고 하나님의 뜻을 이루기 위한 목회를 해야 합니다."

목회의 가장 큰 방해꾼은 바로 나!

정 목사는 목회 가운데 가장 큰 방해꾼은 바로 자신이었다고 토로한다. 자신이 갖고 있는 문제들이 목회를 방해하고 있더란다. 한번은 광안리의 허허벌판에서 50만 명이 참석하는 대집회를 계획했다. 주도면밀하게 준비했는데도 사람들이 생각만큼 모이지 않았다. 하도 속상해서 준비한 스태프들에게 한마디 하려고 생각했는데 기도 가운데 하나님이 그 집회의 방해꾼으로 자신을 지목하셨다. "필도야, 네가 문제다. 네가 문제야. 다른 사람 생각하지 마라. 네 문제만 해결하면 된다."

그는 그 음성을 듣고 울면서 기도했다. "주님, 저는 제게 무슨 문제가 있는지도 모르는 문제 목사입니다. 용서해주십시오."

그러자 하나님이 다시 말씀하셨다. "나는 지금 너를 붙잡고 일을 하고 있단다. 수영로교회의 부흥은 다른 사람이 아니라 너에게 달려 있다. 네 문제를 해결하면 된다."

그 음성을 들은 뒤 정 목사는 절대로 다른 외적인 걱정을 하지 않기로 결심했다. 자기 문제의 해결만 걱정하기로 했다.

교회가 부흥되지 않을 때 목회자들은 성도 탓, 환경 탓을 하지 말아야 한다. 자기 자신을 쳐다보아야 한다. 그는 디모데전서 4장 7절과 8절을 항상 생각한다. 바울은 디모데에게 경건할 것을 요청했다. 경건한 하나님의 사람이 되면 일사천리로 모든 것이 흘러간다. 그러므로 경건을 목숨처럼 지켜야 한다. 오직 주님께 쓰임 받기 위해서이다.

"삼손을 보십시오. 아무리 구별되게 태어났어도 기생의 무릎 위에서 자는 동안 머리카락이 잘리고 두 눈이 뽑힙니다. 하나님의 사람도 똑같습니다. 능력과 지식이 있어도 경건을 잃어버리면 쓸모가 없어집니다. 목사는 목사대로, 성도는 성도대로 경건의 연습을 하면 하나님이 크게 쓰실 겁니다. 우리는 이런 확신을 가져야 합니다."

특히 목회자가 될 사람들은 말과 행실에서 사랑과 믿음, 정절의 본이 되도록 노력해야 한다고 그는 강조한다. 모든 일에 전심전력하는 사람들이 되어야 한다. 그럴 때 성장한다. 정 목사는 함께 사역하는 부목사와 전도사들도 보면 전심을 다하는 사람들과 그렇지 않은 사람들은 시간이 지난 뒤 하늘과 땅만큼의 차이가 난다고 말한다.

하나님의 뜻대로 사는 게 성공이다

그에게 성공은 하나님 뜻대로 사는 것이다. 겉으로 볼 때 아무리 대단해도 하나님 뜻대로 살지 않았다면 그 대단함은 하나님과는 전혀 상관이 없는 것이 된다. 주님의 이름으로 귀신을 쫓아내더라도 하나님 뜻이 아니면 아무 소용이 없다.

신학교를 마치고 정 목사는 군목으로 3년간 지냈다. 제대를 앞두고 장래의 사역지를 위해서 기도했다. 마음속으로는 서울에서 목회하고 싶은 소원이 있었다. 그러나 그는 먼저 하나님 뜻을 구했다. 거제도이건, 소록도이건 하나님 뜻이라면 가겠다며 기도했다. 제대 즈음에 다섯 개 교회에서 그를 불렀다. 별다른 하나님의 음성이 없었다. 그래서 다섯 개 교회 중에서 가장 먼저 연락이 오는 교회를 선택하겠다고 결심하고 기도를 시작했다.

서울이 아니라 부산에서 제일 처음 연락이 왔다. 제대로 된 교회에서 청빙이 온 것이 아니라 몇몇 사람들이 함께 개척하자는 요청이었다. "하나님, 개척한다고는 제가 말씀드리지 않았는데요…" 그는 일주일 동안 특별 금식기도를 했다. 수요일까지는 별 느낌이 없었다. 목요일부터 눈을 감으면 수천 명이 모이는 환상이 떠올랐다. 눈만 감으면 구름 같은 청중들이 보였다. 그때 주님은 "필도야, 이 양떼들을 버리고 어디로 가겠니"라고 말씀하셨다. 그래서 순종했다. 부산으로 내려와서 수영로교회를 개척했다. 33년 전의 일이다.

하나님은 목회하는 그에게 끊임없이 "목회는 네가 하는 것이 아니다. 목회는 내가 한다. 너는 따라오기만 해라"라고 말씀하셨다. 목회는 물론, 삶 자체도 전적인 주님의 은혜라는 사실을 실감했다. 그는 한국의 목회자들이 대형교회를 하겠다는 관념을 탈피해야 한다고 말한다. 주님이 많이 모아주시면 대형교회가 되고 적게 모아주시면 소형교회가 되는 것이다. 목회는 주님이 하시기에 어느 목회를 하더라도 그 책임은 주님이 지시는 것이다. 전적 위임의 목회를 할 때에는 자유가 온다. 절대 주권이 하나님의 손에 있다는 사실만 알게 되면 만사형통이다.

대형교회는 주위의 교회들로부터 '양 도둑질'을 한다는 비난을 받는다. 이에 그는 목회자들이 반드시 알아둘 게 있다고 말했다.

"하나님이 함께하시는 한 참새 한 마리도 떨어지지 않습니다. 인본주의적인 생각을 하는 사람들은 '성도를 뺏어 왔느니' 하는 등 별별 소리를 하는데 올바르지 않습니다. 주님이 모아주시면 모이는 겁니다. 아무리 뺏어 오려고 해도 주님이 허락하지 않으시면 절대 되지 않습니다. 우리 교회에는 마산과 거제도, 창원, 울산, 양산

등지에서 성도들이 옵니다. 서울에 사는 교우들도 주말이면 와서 예배를 드립니다. 인간적인 생각으로는 그렇게 할 수 없지요. 주님이 하시는 겁니다. 목회자가 인간적인 생각을 버려야 합니다. 내가 잘나고 설교를 잘한다고 해서 교회가 부흥되는 것이 아닙니다."

정 목사는 자신의 목회 비결이 하나님 뜻대로 하는 것이라고 거듭 강조했다. 그는 작은 교회에서 큰 교회로 옮기는 목회자들을 보면 이해할 수 없다고 말했다.

"저는 수영로교회와 결혼했습니다. 일사각오로 이 자리를 지키는 겁니다. 주님이 가라고 하기 전까지 어딜 가겠습니까? 목회자들이 하나님의 음성을 듣는 목회를 해야 하는데 그러지 않는 것 같습니다. 자기 생각대로 판단해서 결정하거든요. 그러다보면 하나님의 뜻을 분별하지 못합니다. 그게 제일 무서운 일입니다. 그렇게 목회하는 분들, 신앙생활하는 분들은 평생 후회합니다. 하나님의 뜻대로 하지 않는 것은 헛수고입니다. 결국 하나님의 뜻을 따라 분별하고 그 뜻대로 따르는 것이 성공입니다. 인간의 판단대로 하는 것은 잔꾀 부리는 겁니다."

설교자에게 필요한 마음관리

그에게 설교는 하나님 말씀을 전하는 총체적 행위이다. 하나님 말씀을 가지고 설교할 때 가장 중요한 것은 먼저 설교자가 그 말씀으로 은혜를 받는 것이다. 하나님의 뜻을 발견하는 것이다. 하나님의 뜻을 어떻게 발견하는가? 엎드리는 방법 외에는 없다는 것이 그의 지론이다. 자신은 '명설교자'가 결코 아니라고 그는 손사래를 친다.

"제가 스스로 생각해도 말재주가 없습니다. 설교 잘한다는 소리도 별로 듣지 못합니다. 설교가 부족하다고 느끼니 언제나 눈물로 기도할 수밖에 없습니다. 그런데 제 설교가 부족함에도 불구하고 신기하게 매년 교회가 부흥합니다. 한 해에 7,000명 넘게 새 신자가 들어올 때도 있었습니다. 목회와 마찬가지로 설교도 제가 하는 것이 아니더라고요. 성령께서 함께해주시면 부족한 말씀을 통해서도 성도들이 은혜를 받습니다."

정 목사에게 설교는 '삶'이다. 설교자가 성경 본문이 말하는 하나님의 뜻을 똑바로 전함과 동시에 자신이 먼저 그 말씀대로 살아가야 한다는 것이다.

"흔히들 주일 강단에서 30여 분 메시지 전하는 것을 설교라고 생각합니다. 그러나 설교는 삶으로 보여줘야 합니다. 설교자가 평소에 어떻게 살고 있는지가 더 중요합니다. 상식적인 이야기지요. 아무리 좋은 메시지를 전해도 설교자가 그대로 살지 못하면 그 설교는 죽은 설교입니다. 자기가 깨닫지 못하고 은혜로 살지 못하면서 어떻게 힘 있는 설교를 할 수 있겠습니까?"

그는 한국교회 위기의 본질은 설교자의 위기라고 꼬집는다.

"설교자들이 강단 위에서의 말씀과 달리 은혜롭지 않은 삶을 사는 것이 가장 큰 위기입니다. 한국교회의 위기는 목회자들, 설교자들이 바르게 은혜 가운데 살기만 하면 모두 해결됩니다. 그저 설교만 잘 하려고 하지 말고 '설교자인 나는 어떤 인간인가' '나는 지금 어떻게 살고 있는가'에 대해서 끊임없이 고민해야 합니다."

설교자에게 필요한 것은 마음 관리이다. 사실 설교자가 전하는 메시지에는 설교자의 마음이 그대로 투영된다. 마음에 상처와 분노, 좌절이 가득 차 있을 경우에는 먼저 그 마음을 다스린 후에 설교를 하라고 그는 조언한다. 용서와 사랑하는 마음이 없을 때는 그 마음이 생길 때까지 엎드려 기도해야 한다는 것이다. 실제로 자신은 그렇게 하고 있다고 했다. 그는 교인들에게 설교할 때, 가장 사랑스럽고 모범적이며 존경하는 교인들에게 말씀을 전한다는 마음 자세로 메시지를 선포한다. 그러다 보니 설교자가 교만하지 않고 겸손해질 수 있다는 것이다. 생각이 맞지 않은 소위 '문제 교인'들도 있게 마련이지만 성도 전체를 존경하는 마음으로 말씀을 전하고 있다. 그러면 자연스럽게 사랑스런 말, 축복과 칭찬의 언어가 튀어나온다. 이런 과정이 되풀이되다 보면 정말로 성도 모두가 사랑스러운 존재가 된다는 것이다.

그는 설교자들이 자기 실력을 과시하는 설교를 해서는 절대 안 된다고 말했다. 자신도 잘 모르는 원어를 과도하게 사용하는 등 자기 과시의 의도를 지닌 설교를 하면 청중들에게 은혜를 끼칠 수 없다. 전하는 그 순간에는 사람들이 실력이 있다고 인정할 수 있어도 정작 중요한 은혜나 교훈은 받지 않는다는 것이다.

사랑과 기쁨의 언어로 전하라

설교자는 어떻게 전달하느냐와 함께 고민해야 할 것이 청중의 마음이다. 정 목사는 늘 성도들이 행복한 마음을 지닐 수 있게 말씀을 전한다.

"문제만 너무 지적하면 사람들이 지칩니다. 설교 시간에 이 사회와 가정, 직장 등의 문제를 너무 다루면 사람들이 질려 합니다. 교회에 오는 모든 사람들은 일주일 내내 문제 속에서 허우적거리다 온 사람들이거든요. 문제에 파묻혀 산 사람들이 또 다시 문제투성이 이야기를 들으면 자포자기밖에 할 것이 없습니다. 절망에 빠집니다. 교회에 가기 싫어집니다."

그는 문제를 거론하더라도 되도록이면 그 문제를 해결한 사람들의 이야기를 들려준다. 비슷한 문제 속에서도 승리한 사람들의 이야기를 한다. 고난 가운데서도 어떻게 하나님의 은혜를 받았는지 간증한다. 문제 자체를 회피하는 것이 아니라 문제를 극복하고 승리하는 삶을 이야기한다. 덕분에 수영로교회 성도들은 설교를 듣는 동안 자신들의 문제를 잊고 문제를 해결한 사람들 속에서 답을 찾는다. 그러다보니 교인들에게 변화가 온다. 행복의 선순환이 시작되는 것이다.

"설교자들이 교인들에게 좋은 정보를 많이 주면 좋겠습니다. 좋은 장로님과 좋은 목사님, 좋은 집사님 이야기 등 좋은 이야기를 많이 해주어야 합니다. 듣는 대로 입력됩니다. 좋은 이야기를 많이 들을수록 좋은 사람이 됩니다. 한국교회가 왜 이렇게 골치 아프고 문제 많은 교회가 됐습니까? 강단에서 너무 문제를 많이 취급하고 있어서 그렇습니다. 설교자에게 분노가 너무 많습니다. 분노를 지닌 채 설교하니 분노의 말이 나오는 겁니다. 이것은 사회정의 차원의 문제가 아닙니다. 사회정의를 외치더라도 좋은 말, 행복한 말로 충분히 할 수 있습니다.

설교자들은 마음 관리를 잘해야 합니다. 화가 있으면 그 화를 풀고 나서 설교해야 합니다. 용서와 사랑하는 마음이 없으면 설교하지 마십시오. 먼저 그 마음이 생길 때까지 기도해야 합니다. 정말 평강과 기쁨, 사랑이 넘치는 상태에서 설교하면 교인들이 기뻐하고 행복해 합니다. 무슨 말을 해도 됩니다. 설교 잘하려고 노력할 필요도 없습니다. 그 사랑과 기쁜 마음을 전해주기만 하면 됩니다."

청중이 말씀에 집중하도록 전하라

정 목사는 과거에 주제설교를 하기도 했지만 요즘은 강해설교를 하고 있다. 물론 모든 설교는 강해적이다. 그는 목회자에게도 목회 권태기가 온다고 말했다. 자신이 계속해서 은혜 받고 성장하려는 몸부림을 치지 않으면 권태기를 맞아 지칠 수밖에 없다는 것이다. 이럴 때 목회자가 위기를 모면하는 좋은 방법 가운데 하나가 강해설교를 하는 것이라고 정 목사는 지적했다. 강해설교는 설교자 자신이 먼저 말씀에 깊이 들어가 배우며 은혜 받을 수 있는 기회를 제

끊임없이 배우며 은혜 받으려는 강한 의지야말로 정 목사의 가장 큰 목회 비결 중 하나이다. 언제나 디지털 녹음기를 들고 다니며 대화를 녹음한다. 부교역자들의 설교도 녹음한다. 잘했는지 혹은 못했는지 조사하기 위해서가 아니라 은혜 받기 위해서이다.

공해준다는 것이다.

    정 목사는 노력하는 목회자이다. 언제나 디지털 녹음기를 들고 다닌다. 대화는 항상 녹음한다. 교회 내 100여 명의 부교역자들이 설교할 때도 녹음을 한다. 그가 녹음하는 이유는 부목사들이 설교를 잘 했는지 못했는지 조사하기 위해서가 아니다. 은혜 받기 위해서이다. "제가 은혜 받기 위해서 녹음을 합니다. 요즘 젊은 목사들은 참 설교를 잘합니다."

    설교 테이프도 특정 목회자의 설교를 가리지 않고 가능하면 많이 들으려 한다. 끊임없이 배우며 은혜 받으려는 강한 의지야말로 그의 가장 큰 목회 비결 중 하나이다. 그의 설교는 듣기 쉽다. 그는 의도적으로 쉬운 단어를 쓴다. 열세 살 소년이 완전히 알아들을 수 있는 평이한 단어를 사용한다. 사실 평이한 언어로 쉽게 전달하는 것이 가장 어렵다. 예수님은 어려운 단어가 아니라 시장 사람들의 언어를 사용하며 복음을 전했다. 정 목사도 시장의 언어를 통해서 모든 계층의 청중들이 말씀에 집중할 수 있게 전달하고 있다.

정 목사는 주일설교를 위해서 서너 차례 설교문을 쓴다. 평소 기도할 때, 영감 받은 것을 메모해놓고 정리한다. 거기에 살을 붙인다. 필요한 예화도 집어넣는다. 그런 다음에 같은 본문을 사용한 다른 목회자의 설교문을 살핀다. 만족할 때까지 지우고 보태고를 반복한다. 설교문의 업그레이드를 위해서 많은 노력을 기울이고 있다. 일필휘지로 설교문을 작성하는 목회자도 있지만 자신은 고치고 또 고치다 보면 더 좋은 설교문이 나온다고 말한다.

'노사문제' 없는 수영로교회

한국교회가 부흥하기 위해 그는 우스갯소리로 '노사문제'를 잘 해결해야 한다고 말한다. 장로와 목사 간에 분쟁이 없어야 한다는 이야기다. 그만큼 한국교회 내에서 목사와 장로는 긴장 관계에 있다. 수영로교회는 '노사관계'가 아주 원만한 교회이다. 당회에서 정 목사는 장로들을 자주 껴안는다. 회의가 별로 필요 없다. 안아주기만 하면 된다. 목사와 장로 간에 사랑을 느끼는 곳이 바로 당회이다. 수영로교회 당회에서 큰 소리가 나온 적이 한 번도 없다. 목사나 성도가 모두 은혜를 알고 자신들의 공로와 업적, 노력을 전적으로 주님께 위임한 사람들이 모인 교회에서만 가능한 일이다.

목회자는 하나님의 뜻을 올바르게 분별해서 그 뜻을 이루기 위한 목회를 하면 된다고 정 목사는 말한다. 그러면 된다는 것이다. 정말 된다는 것이다. 그는 "정말 된다"는 말을 연발한다. 그래서 하나님 뜻대로 순종하는 목회, 그분의 뜻을 전하는 설교는 언제나 쉽고 즐겁다.

"설교자나 성도는 언제나 하나님을 만나는 그 순간을 생각해야 합니다. 하나님이 그날, 우리를 만나서 무슨 말씀을 하실까요? 명심하십시오. 신앙과 설교는 말보다 삶으로 증거되는 것입니다."

참을 수 없는 가벼움을 떨쳐내라

홍정길

홍정길

남서울은혜교회 홍정길 목사는 선이 굵은 목회자이다. 한국 복음주의권의 대표적인 목회자로 교회와 사회를 넘나들며 다양한 사역을 펼치고 있는 그는 1980년대와 1990년대에 옥한흠, 하용조, 이동원 목사와 더불어 '복음주의 4인방 목사'로 한국교회의 부흥에 기여했다. 통일운동과 국내외 선교사역, 젊은이 운동, 장애우 사역 등 교회울타리를 뛰어넘는 활동을 했다. 늘 젊은이들과 함께하는 그에게서 사람들은 푸른 청년의 이미지를 떠올린다. 이제 그의 나이 66세, 세월은 홍 목사라고 해서 비켜가지 않았지만 그 세월이 가져가지 못한 것은 청년의 순수함과 열정이 아닐까? 평생을 한결같이 뚝심 있게 목회의 길을 걸어 온 그의 목회관과 오늘날 후배 목회자들과 성도들에게 전하는 쓰지만 약이 되는 이야기를 들어본다.

홍정길

나눔과 섬김을 실천하는 교회

주일 아침 서울 일원동 남서울은혜교회의 예배드리는 모습은 조금은 특별하다. 예배 도중에 자폐아들이 나와서 뛰고 뒹구는 일이 수시로 있다. 4부 예배에는 휠체어를 탄 장애우 어린이들이 앞에 자리를 잡는다. 새가족 환영 노래를 부를 때 이들은 의자에서 벌떡 일어나 춤을 추기도 한다. 초기에는 그런 모습이 경건하지 못하다며 교회를 옮긴 사람들도 있었다. 이제 교인들은 그런 광경에 익숙하다. 장애우들과 비장애우들이 "사랑해요, 축복해요" 하며 찬양하는 모습은 감동적이다.

교회학교 학생들을 포함해 6,000명이 출석하는 이 교회에는 600여 명이 장애우들이다. 예배는 수화로 통역되며 성도들을 위한 수화교실이 정기적으로 열리고 있다. 공식적으로 정서장애 아동들을 섬기는 밀알부와 청각장애우들의 모임인 농아부가 따로 있다. 또한 언어로 의사소통이 가능한 장애우들과 이들을 위해 봉사하는 비장애우들이 함께 모이는 아만나목장이 있다. 또 교회는 장애우를 위해 작업장을 마련하여 그들이 활기 있게 일할 수 있도록 했다. 말로만 장애우를 돕자는 게 아니라 직접 실천하며 장애우들을 섬기고 있는 것이다.

"내가 주릴 때에 너희가 먹을 것을 주었고 목마를 때에 마시게 하였고 나그네 되었을 때에 영접하였고 벗었을 때에 옷을 입혔고 병들었을 때에 돌보았고…"(마 25:35).

이웃이 주릴 때 먹을 것을 주고 목마를 때 생수를 주며 벗었을 때에 입혀주는 교회. 나그네를 가족과 같이 환영하고 병든 사람들에게 달려가는 교회. 이 땅의 많은 교회들이 예수 그리스도의 사랑 정신에 따라 '나눔과 섬김'의 삶을 살기 위해서 세워졌다. 그러나 아직도 수많은 사람이 사랑을 갈구하며 빈들에서 헤매고 있는 것이 현실이다. 교회는 점차 고급 사교 모임화 되고 있다. 예수 그리스도와 같이 '낮은 곳'에 내려가기보다는 '우리'만의 영적 모임이 되고 있다. 그 사이 주리고 목마른 나그네들이 슬피 울고 있다. 이 시대에는 목회 혁명이 필요하다. 그 목회 혁명은 바로 예수 그리스도의 정신으로 돌아가는 것이다. '나눔과 섬김'을 실천하는 것이다. 진정한 나눔과 사랑을 실천할 때 교회가 부흥할 수 있다는 것이 21세기 목회 혁명의 원리다.

홍정길 목사가 담임으로 있는 남서울은혜교회는 전 성도들이 '나눔과 섬김'을 실천하는 교회이다. '장애우들과 함께하는' 교회이다. 나눔과 섬김의 대상을 장애우들로 설정하고 철저하게 그들을 섬기고 있다. 교회는 자폐아들을 위한 밀알학교를 설립하는 데 결정적인 기여를 했다. 1993년 설립된 밀알학교는 지역 주민들의 극심한 님비현상을 극복하고 세워졌다. 지금 이 학교에는 45명의 교사와 250여 명의 자원봉사자들이 230여 명의 학생들을 돌보고 있다. 교회는 밀알학교를 세운 뒤 학교를 밀알복지재단으로 넘겼다. 모든 것은 주님의 소유라는 철학에서 비롯된 결단이었다.

교회는 장애우들뿐 아니라 이웃을 위한 섬김에도 열심이다. 밀알학교는 계획 단계부터 주민들의 반대에 부닥쳤다. 장애우 시설을 동네에 들여놓을 수 없다는 주민들은 설립을 인가해준 서울시를 대상으로 소송을 제기하기도 했다. 극심한 님비현상 속에서 주민들은 교회에도 싸늘한 시선을 보냈다.

그럼에도 교회는 창립 이후 묵묵히 지역주민들을 섬겼다. 밀알학교에 미술관과 공연장을 만들어서 지역주민들이 사용할 수 있는 문화공간이 되게 했다. 공연장인 세라믹홀에서 국내외 유명 음악가들이 발표회를 가지며 성도들뿐 아니라 비신자 주민들의 문화적 욕구를 충족시켜주었다. 시간이 지나면서 주민들은 교회와 밀알학교에 애정을 보이기 시작했고 이제는 지역의 중요한 자산으로 생각하고 있다. 교회 카페에는 매일 많은 비신자가 찾아와 교제를 하고 있다.

목자가 양을 알고 양들은 목자의 음성을 듣는 목회

1975년 남서울교회를 개척한 뒤 1996년 '떠나라'는 주님의 음성을 듣고 남서울은혜교회로 장막을 옮긴 홍 목사는 철저하게 '나눔과 섬김'을 실천하는 교회를 만들기에 진력했다.

홍 목사는 목회를 '목자가 양을 알고 양들은 목자의 음성을 듣는 것'이라고 풀이한다. 그는 신학생 시절부터 '목회를 한다면 양들이 목자의 음성을 듣는 목회를 하겠다'고 생각했다.

그는 CCC 총무와 건국대 교목을 거친 뒤 1975년에 남서울교회를 개척했다. 교회는 비약적으로 성장했다. 청년 사역이라는 비전을 지녔던 그는 1980년부터 미국 MIT 학생들을 대상으로 5년여 동안 성경공부를 실시했다. 주로 학생들의 방학을 이용해 미국에 가서 성경을 가르쳤다. 이 성경공부가 전 세계 한인유학생 수련회인 코스타로 발전했다. 1986년부터 시작된 코스타는 23년 동안 한 번도 빠짐없이 열려 영적으로 갈급한 유학생들에게 복음을 전했다.

1984년 남서울교회에는 2,700여 명의 출석 성도들이 있었다. 순복음교회에 2만여 명의 성도들이 있던 시절이었다. 개척 당시 홍 목사는 서원했다. "내 기도 없이 성도들이 하루를 시작하지 않도록 하겠습니다." 개척 초기에 홍 목사는 새벽 4시부터 오전 9시까지 성도들 이름을 한 명 한 명 불러가면서 기도했다. 그러다 점차 성도 수가 늘어나면서 일일이 기도할 수 없었다. 5년이 지나니 도저히 기도할 수 없게 되었다. 사람들이 너무 많아진 것이다. 그는 지금도 초창기 성도들과 가족들의 이름을 기억한다. 매일 아침 수년 동안 기도한 결과이다. 교회는 성장했지만 그의 마음에는 부담이 생겼다. 하나님과 약속한 대로 기도하지 못한 데 대한 부담이었다. 1,500명이 넘어가자 교회를 분립하려 했지만 중직자들이 반대해

"목회의 대헌장은 요한복음 10장에 나와 있습니다. 목자는 양을 알고 양은 목자의 음성을 들어야 합니다. 이것이 우리 주님의 목회입니다." 존 스토트 목사가 홍 목사에게 해준 이 말은 그에게 큰 영향을 미쳤으며, 신학생 시절부터 꿈꾸던 목회를 다시 한 번 확인해주었다.

뜻을 이루지 못했다.

1984년에 홍 목사는 영국의 런던바이블인스티튜트에서 3개월 동안 공부를 했다. 세계 복음주의의 지성인 존 스토트 목사가 당시 책임자였다. 3개월 동안 홍 목사는 스토트 목사와 함께 지냈다. 스토트 목사는 전 세계에서 온 목회자들에게 현대의 이슈들을 복음적으로 풀어줬다.

하루는 참석자들이 자신이 시무하고 있는 교회에 대한 상황을 이야기하게 되었다. 홍 목사는 남서울교회에 대해 이야기하면서 분립을 하지 못해 고민이라고 말했다. 그때 말레이시아에서 온 목사가 홍 목사에게 "그것도 고민이냐. 우리를 약올리려고 말하느냐"고 핀잔을 주었다. 그 모습을 바라보고 스토트 목사가 말했다. "홍 목사의 고민을 충분히 이해합니다. 목회의 대헌장은 요한복음 10장에 나와 있습니다. 목자는 양을 알고 양은 목자의 음성을 들어야 합니다. 이것이 우리 주님의 목회입니다. 이것이 무너지는 목회는 사실 목회가 아닙니다."

'목자가 양을 알고, 양은 목자의 음성을 들어야 한다'는 말은 홍 목사의 뇌리에 깊이 남았다. 스토트 목사는 홍 목사가 신학생 시절부터 꿈꾸던 목회에 대한 꿈을 다시 확인해주었다. 그는 이 말씀을 통해 다시 한 번 목회관을 정립했다. 영원토록 양들과 깊숙하게 커뮤니케이션하는 목회를 하겠다고 다짐했다.

영국에서 귀국하자마자 그는 교회를 네 개로 나눴다. 주님을 앞선 목회는 없다는 확신을 갖고 당시로서는 파격적인 교회 분립을 시도했다. 그 이후로 매년 교회를 분립했다. 남서울교회를 떠나 남서울은혜교회를 개척한 다음에도 교회 분립을 지속하고 있다.

현재 남서울은혜교회 내에는 독자적인 일곱 개 교회가 있다. 일곱 명의 부목사들이 담임목사처럼 사역하고 있다. 일곱 명의 부목사들은 자신들이 목회하는 성도들을 위해서 매일 기도하고 있다. 홍 목사는 새벽마다 모든 부서의 목회자들을 위해서 기도하고 있다.

"나는 결국 이 교회를 떠나게 됩니다. 사실 좋은 목사 한 사람이 좋은 교회입니다. 좋은 목사를 만들어주고 떠나는 것이 나의 임무입니다."

그는 목회에는 즐거움과 고통이 동시에 있다고 강조한다. 물론 영혼들이 변화되는 모습을 보는 것이 가장 즐겁다. 그는 성도들이 요구하는 한 임종 때에는 반드시 찾아간다. 성도들의 마지막 가는 길을 지키고 싶다는 목자로서의 염원 때문이다. 그는 자신이 하나님께 불순종해서 성도들에게 나쁜 영향을 미치는 부분이 무엇인가를 늘 생각한다. 그래서 목회는 그에게 무거운 십자가이다. 목회자에게 가장 중요한 것은 크리스천으로서 내가 주님 앞에 바로 서고 자라는 것이다. 이것보다 더 중요하고 어려운 것은 없다. 성도들은 목회자의 입에서 나오는 말씀이 아니라 삶에서 나오는 말씀을 더 듣기 원하기 때문이다.

홍 목사는 한국교회의 목회자들도 '목자가 양을 알고 양들은 목자의 음성을 듣는' 목회를 펼친다면 성도 수와는 상관없이 모두가 행복한 목회자들이 될 것이라고 말한다.

사역 중독에 빠지지 말라

젊은 시절부터 왕성한 사역을 펼친 그가 요즘 후배 목회자와 성도들에게 하는 말이 있다. 사역 중독에 빠지지 말라는 말이다. 그에게 진정한 성공은 그리스도 안에서 장성한 분량으로 살아가는 것이다. 목회자로서 성공은 사역에서 무언가를 이루는 것이 아니다. 주님 앞에 올바로 서는 것이다. 목회자는 특별한 사람이 아니다. 목사 역시 한 사람의 크리스천으로 주님 앞에 서야 할 사람이라는 것이 그의 지론이다.

그는 복음주의권의 맏형 목회자로서 후배 목회자들이 목회적 야망을 버리고 주님의 길을 가야 한다고 늘 강조한다. 조언과 더불어 '꾸중'도 한다. 물론 꾸중을 듣는 사람들은 홍 목사가 특히 아끼는 목회자들이다. 온누리교회 하용조 목사나 사랑의교회 오정현 목사도 가끔 홍 목사로부터 꾸중을 듣는다. 하 목사에게는 사역의 속도를 늦추고 몸을 돌보라고 충고한다. 오 목사에게는 먼 미래를 바라보며 중후장대한 목회를 펼치라고 조언한다. 그는 "누가 하 목사와 오 목사에게 싫은 소리를 하겠어요. 나라도 해야지요"라고 말한다.

주님 앞에 가져간다고 해서 모든 게 사역은 결코 아니라고 그는 말한다. 목회자들이나 성도 가운데 사역이 모든 것이라도 되는 양 지나치게 몰입하는 사람들이 적지 않다는 지적이다.

"사역 지향적인 성도나 목회자는 나중에 허전한 느낌을 가질 수 있습니다. 사역 지향적이기보다는 관계 지향적인 사람이 되는 것이 더 필요합니다. 주님과의 관계, 이웃과의 관계, 사회와의 관계에서 진정한 행복을 느낄 수 있어야 합니다. 절대로 멋진 사역을 펼치는 '영웅적인 크리스천'이 되려고 하지 마십시오. 주님은 그런 영웅들을 외면하실 수 있습니다. 자신의 의지로 사역을 펼치면 결국은 후회합니다. 우리는 단지 주님이 시키는 일을 하는 사람들입니다."

 그는 성공이 무엇이냐는 질문에 세계적 투자가인 워런 버핏을 인용했다. 워런 버핏은 동일한 질문에 대해 '나이가 들어도 주변에 사랑하는 사람들이 많아지는 것이 성공'이라고 대답했다. 그는 최고 부자인 버핏의 성공에 대한 견해를 통해서 과업 지향적인 삶이 아니라 관계 지향적인 삶을 살아야 한다는 교훈을 얻을 수 있다고 말한다. 물론 주님과의 관계가 가장 중요한 것임은 두말할 나위 없다. 주님은 결코 과업 지향적인 분이 아니다. 우리의 업적과 능력을 보시면서 칭찬하는 분이 아니다. 그분은 우리와 친해지기를 원하신다. 그 사실을 잊지 말자고 홍 목사는 당부한다.

참을 수 없는 가벼움을 떨쳐내라

홍 목사는 요즘 한국교회 강단을 보면서 통탄해 마지않는다. 그가 보기에 한국의 목회 현장에 참을 수 없는 가벼움이 넘치고 있다. 한국교회 설교자들은 너무나 청중들의 기호에 영합하는 설교를 하고 있다.

"목회자들은 말씀을 맡은 자들입니다. 설교자는 내 이야기를 청중의 기호에 맞추는 사람들이 아닙니다. 주님의 말씀을 그대로 청중들에게 전하는 것입니다. 우리는 말씀의 수탁자들입니다. 수탁자들은 그대로 전하는 행위 외에 다른 것을 해서는 안 됩니다. 말씀을 자의로 해석하거나 청중들의 요구에 걸맞지도 않은 콘텍스트를 들이대며 아부하면 안 됩니다. 설교할 때마다 하나님이 주신 말씀 안에서 현장성을 강조할 수는 있습니다. 그러나 요즘 인기가 조금 있다는 목회자들에게서 말씀이 보이지 않습니다. 안타깝습니다. 말씀을 전승한다는 태도 자체가 없습니다. 그러지 않고는 그렇게 전할 수 없는 것이지요."

홍 목사는 강단에 참을 수 없는 가벼움이 난무하는 것 자체가 강단의 위기라고 강조한다. 가벼운 목회자, 영적인 뿌리가 없는 설교자들이 한국교회를 망치고 있다는 것이다.

"청중들은 가벼운 것을 감성적이라고 하면서 좋아하는데, 이것은 저주와 같습니다. 30년 후쯤에 이 땅의 교회가 어떤 모습일까 생각하면 답답하기만 합니다."

그 같은 지적은 요즘과 같은 감성의 시대를 이해하지 못하는, 지나치게 아날로그적인 패러다임에서 나온 것은 아닐까? 감성 터치의 시대에서 한 사람에게라도 복음을 더 전하기 위해 진력하는 목회자들의 심정을 이해하지 못한 처사일 수도 있지 않을까? 홍 목사는 이에 대해 뚜렷한 생각을 갖고 있다.

"물론 시대에 맞는 감성을 개발하는 것이 절실합니다. 목회자는 시대를 이해해야 합니다. 문제의 핵심은 목회자 자신이 정말 말씀

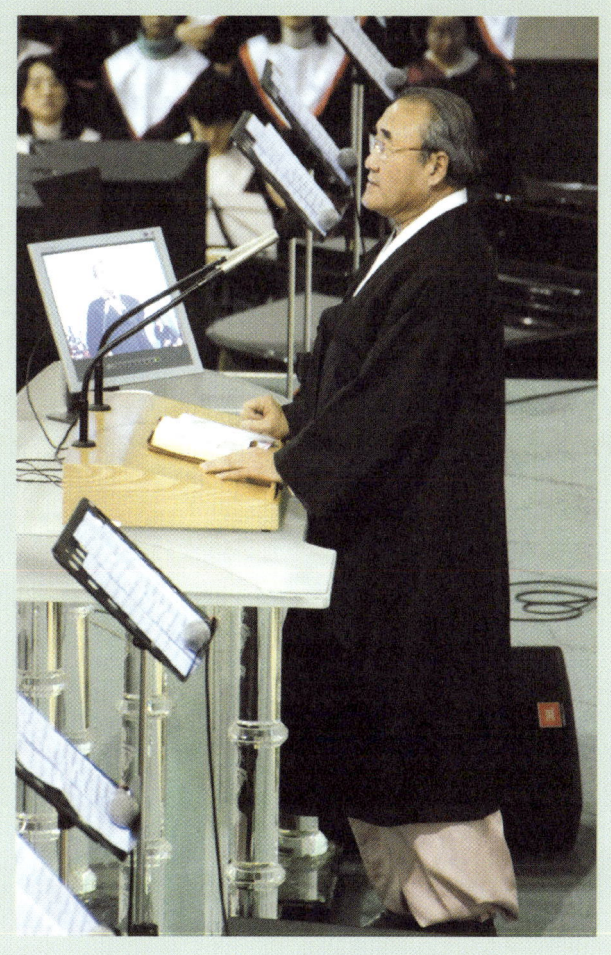

"가벼운 것을 요구하는 시대에 우리는 살고 있습니다. 그러나 크리스천들은 세상 풍조에 역류해서 사는 사람들입니다. 아무리 이 시대가 가벼운 것을 요구해도 오직 예수 그리스도 때문에 가져야 할 삶의 무게는 따로 있습니다."

에 깊이 뿌리를 두고 있는지에 달려 있습니다. 감성적이냐, 설득적이냐는 모두 부차적인 것입니다. 문제는 자신이 지금 전하고 있는 것을 통해 정말로 영혼이 변화되고 있는지에 있습니다. 청중들이 말씀을 들으면서 회개하고 변화에 대한 결심을 하고 있는지 점검해야 합니다. 물론 하나님께서 그런 은사를 주셨다면 그 은사대로 쓰임을 받아야 하겠지요. 그러나 나는 그렇게 안할 겁니다. 동역자들에게도 그렇게 가르치지 않겠습니다. 보십시오. 가룟 유다도 주님의 구원 역사에 잘 쓰였잖습니까? '유다도 잘 쓰였으니 나도 유다 역할을 하겠다'고 말할 수는 없잖습니까? 그분들은 특별한 은사를 받아서 그 방향으로 갈 수 있지만 우리가 진정 사모해야 할 모습은 아니라고 봅니다."

홍 목사에게 설교란 하나님 말씀을 청중들에게 전달하는 행위다. 이 같은 설교 본래의 목적에 맞게 전하기 위해서는 설교자가 먼저 성경 본문에 충실해야 한다. 그 시대의 문화와 설교자가 전하는 시대의 문화가 다르기 때문에 설교자가 문화 안에서 말씀을 해석하는 것이 중요하다. 특정한 문화 속에서 그 말씀이 무엇을 요구하는지를 정확히 짚어줘야 하는 것이다. 설교는 구체적으로 전해야 하며 청중들에게 하나님의 말씀을 어떻게 그들 영혼의 양식으로 삼을 수 있는지를 선포하는 것이다.

"말씀의 수탁자들인 설교자들이 부탁하신 분 중심이 아니라 받는 사람 중심으로 일하고 있습니다. 소비자 중심의 사고를 하고 있습니다. 소위 청중들의 펠트 니드felt need를 알아야 한다고 하는데, 이것은 맞는 말인 것 같지만 틀렸습니다. 소비자 중심으로 사고

해서는 안 됩니다. 하나님 중심으로 생각해야 합니다. 설교자들이 하나님을 먼저 보아야 하는데, 하나님은 보지 않고 청중들만 쳐다봅니다. 그러니 올바른 설교를 할 수 있겠습니까?"

수많은 불특정 다수를 대상으로 목회하는 목회자는 때론 청중들의 필요에 민감해야 할 필요가 있지 않을까? 이에 홍 목사는 말한다.

"물론이지요. 청중들의 요구를 알아야지요. 그런데 그 요구보다 더 중요한 것이 있습니다. 청중이 원하는 것이 아니라 청중에게 진정으로 필요한 것이 무엇인가를 알아야 합니다. 청중들에게 필요한 것을 말하기 위해서는 용기가 필요합니다. 그러나 요즘 한국의 목회자들에게는 그 용기가 없습니다. 그러다보니 목회는 가벼워질 대로 가벼워졌습니다. 목회가 청중을 중심으로 엔터테인먼트화가 되었습니다."

그가 보기에 한국의 교회 현장에서 가장 오용되고 있는 단어는 인카이네이션(incarnation, 성육신)과 패러다임이다. 설교자들이 예수 그리스도의 성육신을 이야기할 때 '우리와 같이 되었다'는 점만 강조할 뿐 예수의 본질이 변하지 않았다는 사실에 대해서는 침묵하고 있다. 설교도 마찬가지다. 본질을 외면하거나 왜곡하고 적용만 강조하는 설교들이 난무하고 있다.

흔히 패러다임 전환이라고 할 때 전제가 있다. 원형은 결코 변하지 않는다는 사실이다. 패러다임 전환은 모양만 바뀌는 것인데 본질을 변화시켜 놓고도 패러다임 전환이라고 말하며 의미를 부여하고 있다고 홍 목사는 개탄했다. 사실 원형이 바뀌면 패러다임의 의

"사명감을 간직하려면 주께서 처음 부르신 그 부름에 대한 긴장을 놓치지 말아야 합니다. 사명의 삶으로 돌아가려면 처음 주님을 만났던 순간으로 돌아가야 합니다. 목회자나 성도나 구원의 감격을 놓치는 순간 사명에서 멀어지게 됩니다."

미는 사라진다. 완전히 별종이 만들어지는 것이다.

홍 목사는 인생의 고뇌가 없을 때 사람들은 가벼워진다고 말했다. 고뇌를 겪지 않은 사상이나 이론은 가벼울 수밖에 없다는 것이다.

"특히 가벼운 것이 요청되는 시대에 살고 있는 것 같습니다. 그러나 크리스천들은 세상 풍조에 역류해서 사는 사람들입니다. 아무리 이 시대가 가벼운 것을 요구하더라도 우리가 오직 예수 그리스도 때문에 가져야 할 삶의 무게는 따로 있어야 한다는 사실을 명심해야 합니다."

사명감을 가져라

홍 목사는 좋은 설교를 하기 위해서는 무엇보다도 좋은 목사가 되어야 한다고 강조했다. 이 시대에 자신이 많은 직업 가운데 왜 굳이 목사를 선택했는지 스스로에게 진지하게 물어야 한다는 것이다. 주님 앞에서 그 질문에 솔직한 대답을 해나갈 때 비로소 좋은 설교가 나올 수 있다고 그는 말한다. 좋은 설교는 화려한 말이 아니라 삶으로부터 나오기 때문이다. 한국교회가 강단의 위기에서 탈피하기 위해서는 목사들이 본질을 향한 영적 여정을 시작해야 한다고 그는 강조한다.

그가 보기에 한국사회에서 이미 목사라는 직업은 특권층화 되었다. 과거와는 너무나 상황이 달라졌다. 홍 목사가 한국대학생선교회(CCC)에서 사역할 때 한 친구가 이화여대 학보를 가져왔다. 그러면서 "앞으로 너 결혼하기 무척 힘들겠다"고 말했다. 이대 학보에는 이대생들의 결혼 상대 선호도 조사가 나왔다. 이대생들이 결혼대상자 직업군 18명 가운데 목사를 맨 꼴찌인 18등으로 꼽았다. 17번째가 이발사였다.

홍 목사가 대학을 졸업하고 총신대에 입학할 당시에 동기생들이 20명이었다. 그 가운데 졸업한 사람들은 13명에 불과했다. 그는 집에서 서울 사당동 총신대까지 걸어 다녔다. 총신대에 가기 위해서는 숭실대 인근의 언덕을 넘어야 했다. 하도 넘기 힘들어서 사람들은 그 언덕을 '헐떡고개'라는 별칭으로 불렀다. 홍 목사는 매일 '헐떡고개'를 힘겹게 올라가면서 간간이 '내가 뭐하러 이 길을 가야 하는가' 라는 생각을 했다고 한다. 결국 '이 길이 아니면 안 되겠다'고 생각한 사람만 그 길을 갔다는 것이다.

동기 중에는 시골에서 전도사 생활을 하다가 올라온 학생이 있었다. 그 친구는 매일 도시락을 하나만 싸와서 아침에 절반을 먹고, 점심은 굶고, 저녁에 나머지 절반을 먹었다. 그 어려움 속에서도 신학공부를 하는 사람들이 적지 않았다. 굶어가면서도 '이 길이야말로 나의 사명'이라는 확신이 있었기에 학생들은 기쁘게 공부했다고 한다. 그런 가운데 사명 없는 사람들은 다 떨어져 나갔다.

"솔직히 지금은 너도 나도 목사를 한다고 합니다. 사업에 실패하거나 세상길이 막히면 신학교에 가는 경우가 있습니다. 사명감 없는 목사들이 많습니다. 목사를 하지 말아야 할 사람들이 목사를 하고 있습니다. 그러다보니 목회 현장을 치열하고 절실하게 대하지 않습니다. 목사, 이제는 좋은 직업이 되었습니다. 요즘 신학생들은 무슨 생각을 할까요? 사명에 따른 고생길 목회를 생각할까요, 아니면 좋은 차를 타고 성도들을 호령하는 목회를 생각할까요? 목회를 잘하려면 피와 땀과 눈물이 필요한데, 이제는 그것이 없어도 목회가 된다고 생각하는 목사들이 많은 것 같습니다. 사명감이 사라지면서 우리의 강단이 약해지고 있습니다. 통탄할 일이지요."

홍 목사는 목회자에게 가장 중요한 것은 주님의 부르심에 따른 소명 의식을 갖는 것이라고 말했다.

"요즘 젊은이들을 보면 너무나 부러운 점이 많습니다. 우리는 어쩌다 책 한 권 구하면 해적판을 만들어서라도 전부 나눠 쓰던 시대에 살았습니다. 그런데 지금은 좋은 책을 누구나 쉽게 접할 수 있는 시대입니다. 옥스퍼드대학이나 하버드대학 도서관도 인터넷을 통해 들어갈 수 있습니다. 부럽지요. 한국교회 내에 풍성한 정보와 지식으로 가득 찬 목회자들이 많이 있습니다. 그런데 그 사람들에게 결정적으로 없는 한 가지가 있습니다. 바로 사명감입니다.

사명감은 대가를 치르고 나서야 입증되는 것입니다. 주님의 부르심을 받은 사도 바울은 '나의 달려갈 길과 주 예수께 받은 사명, 그 은혜의 복음 증거하는 일을 마치려 함에는 나의 생명을 조금도 귀한 것으로 여기지 않겠노라' 고 고백했습니다. 요즘 목회자들에게 바울과 같은 소명감이 있습니까? 요즘 설교자들은 자기 언어에 대한 확신이 없습니다. 그러니 강단에 힘이 있을 리가 없지요. 소명감이 없는 목회자들이 각종 세미나에 참석하면서 기능부터 배웁니다. 본질로부터 도망가는 겁니다.

요즘 코스타에 참석하면서 고민하는 것은 밤 집회에 전도 설교를 할 목회자가 별로 없다는 점입니다. 정말로 요즘엔 전도 설교를 제대로 할 줄 아는 목사가 보이지 않습니다. 학생들을 울렸다 웃겼다 하는 목회자들은 제법 있습니다. 그러나 이들에게는 마지막에 예수 그리스도를 제대로 소개하면서 학생들의 헌신을 이끌어 내는 힘이 부족합니다. 왜 그런 줄 아십니까? 사명감이 부족하기 때문입니다. 우리 크리스천들은 스스로 얼마나 사명감을 갖고 일생을 보내고 있으며, 그 사명감에 충실한 삶을 살고 있는가를 생각해야 합니다.

성공이 무엇이냐고요? 사명감에 따라 사는 것이 성공입니다. 오직 믿음으로 주님이 보여주신 그 길을 가는 겁니다. 뜻을 이루고 안 이루고는 주님이 마음먹기 나름입니다. 우리가 주기철 목사님이나 손양원 목사님을 실패자라고 하지 않잖습니까? 당시 교권주의자들의 눈에 그분들은 실패자로 보였을 겁니다. 그러나 지금 수많은 크리스천들이 그분들을 생각할 때마다 옷깃을 저미고 있습니다."

처음 그 부르심을 기억하라

사명감에 따라 사는 것이 행복하고 성공적인 인생이라는 사실을 누구나 알고 있다. 문제는 현실 속에서 사명감을 상실하고 사명감과는 거리가 먼 삶을 살고 있다는 데 있다. 그러면 사명감을 회복하기 위해서는 어떻게 해야 할까?

"나이가 들면서 편하게 살고 싶어지는 유혹들이 참 많습니다. 편하게 살라는 유혹들이 사명감을 해칩니다. 바울은 늙어가면서 목숨까지 아끼지 않는다고 고백했는데 우리는 정반대로 세월이 흘러가면서 편리함을 위해 사명감을 팔아버리지요. 완전히 역류하는 신앙생활을 합니다. 사명감을 잊지 않고 살았던 사람들의 특징은 처음 주님을 만났던 그 시간을 놓치지 않는다는 겁니다.

다윗을 보십시오. 그는 수없이 범죄했지만 끝까지 무너지지 않았습니다. 쓰러졌다 일어났습니다. 다윗이 평생 부른 노래가 무엇입니까? 마지막 임종까지 그가 부른 노래가 있습니다. 그는 '여호와여 내가 누구이고 무엇이기에 저 푸른 초장에서 불러서 여기까지 인도하셨습니까' 라는 노래를 반복합니다. 처음 주님을 만났던 장면을 영원히 잊지 않았던 겁니다. 바울은 어느 곳에 가든지 다메섹 도상에서 예수 그리스도를 처음 만난 장면을 이야기할 때마다 눈물을 흘립니다. 감동에 벅차서 어쩔 줄 몰라합니다.

마찬가지입니다. 사명감을 간직하기 위해서는 주께서 처음 부르신 그 부름에 대한 긴장을 놓치지 말아야 합니다. 사명의 삶으로 돌아가기 위해서는 처음 주님을 만났던 그 순간으로 돌아가야 합니다. 목회자나 성도나 구원의 감격을 놓치는 순간에 사명의 삶에서 멀어지게 됩니다."

그는 지금 사명감을 느끼지 못하거나, 처음 주님이 부르셨음에 대해 확신이 없는 사람은 구원에 대한 심각한 질문을 해야 한다고 강조했다. 가령 절벽에서 떨어졌지만 살아난 사람이 일생 동안 그 장면을 어떻게 잊을 수 있겠느냐는 것이다. 정말로 한 사람에게 구

"일의 주인은 내가 아닙니다. 나는 내 주인 되신 주님이 하라는 날까지만 그 일을 하면 됩니다. 주님은 다른 사람을 통해서 그분의 일을 이루어 가시니까요. 내가 지금 하는 일이 그분의 일이라는 확신만 있으면 됩니다. 그 다음은 그분이 책임져주십니다."

원의 감격이 있다면 그 감격을 결코 쉽게 잊어버리고 살 수 없다는 것이 그의 주장이다.

아픈 감동을 주는 설교를 하고 싶다

홍 목사 자신은 설교를 할 때 그저 주님의 뜻을 전하기 위해 노력하고 있다고 말한다. 그는 설교 형태적으로 볼 때 강해설교를 하고 있다. 일단 본문이 잡히면 그 본문을 묵상하고, 또 묵상한다. 처음 성경 본문을 읽고 묵상한 뒤에는 깨달은 내용을 기록한다. 원고는 되도록 많은 분량으로 만든다. 그 다음에는 객관적인 사실을 확인하기 위해서 주석을 본다. 원고를 만들면서 주관성과 객관성을 융합하려 한다. 주관성은 주님이 홍정길이란 목사를 통해서 이 시대의 청중들에게 말씀하고 싶은 것이다. 객관성은 주님이 그동안 역사적으로 수많은 사람들에게 말씀하셨던 것이다. 설교문을 만들 때는 이 주관성과 객관성의 조화가 중요하다.

설교를 준비할 때, 홍 목사는 어떻게 하면 성도들을 말씀과 만나게 해줄 것인가를 고민한다. 다른 목회자들과 마찬가지로 토요일은 사람들을 만나지 않는다. 새벽기도를 마친 뒤에는 설교 내용을 갖고 다시 묵상한다. 주님이 주시는 영감을 계속 적어 나간다.

그는 목회 초기에 영국의 대 설교자인 마틴 로이드 존스의 《산상수훈 강해》를 읽고 큰 감동을 받았다.

"그 책을 읽다 보니 마음이 아려왔습니다. 하나님 나라 백성의 삶의 본질이 어떠한지를 말하는 책이었습니다. 좋은 말씀을 들으면 가슴이 아파옵니다. 다른 사람은 모르겠습니다. 저는 그렇습니다. 그러니 저도 다른 사람들의 마음에 아픈 감동을 줄 수 있는 말씀을 전해야 하지 않겠습니까? 청중들은 싫어할지 모르지만."

홍 목사는 국내외를 통틀어 선배 설교자로 마틴 로이드 존스 목사가 가장 좋은 모델이라고 말한다. 한국의 목회자들도 그에게서 설교자의 자세를 배워야 한다고 강조한다. 그는 설교자라면 존스 목사의 《설교와 설교자 Preaching and Preachers》를 반드시 읽어야 한다고 강조한다. 물론 시대가 다르기 때문에 존스 목사의 설교를 그대로 옮길 수는 없다. 설교에 대한 그의 설명을 모두 따를 필요는 없다. 지금 설교자들은 존스 목사가 설교에 대해서 얼마나 진지하게 접근하고 있는지 배워야 한다. 대부분의 설교 관련 서적들이 방법론적인 것을 다루고 있지만 존스 목사의 《설교와 설교자》는 설교 현장에서 성령님이 어떻게 역사하는지 말하는 책이기에 귀하다고 그는 설명한다.

주님이 가라고 하신 거기까지가 내 길이다

지난 목회 기간 동안에 홍 목사는 누구와도 비교할 수 없이 많은 사역을 펼쳤다. 코스타와 남북나눔운동, 전도폭발, GMF 등 목회와 선교, NGO 활동 등을 망라해 한국교회의 흐름을 좌우할 굵직한 사역의 중심에 서 있었다. 최근 수년 동안에는 블라디보스토크에서도 왕성한 사역을 펼치고 있다. 중국과 러시아, 남한과 북한의 역사를 고스란히 안고 있는 블라디보스토크에 홍 목사는 오랜 기간 동안 희망의 씨감자를 심어왔다. 지금 남서울은혜교회는 블라디보스토크의 광활한 지역에 농업과 교육 등 다양한 사역을 펼치고 있다.

사람들은 생전에 끝내지도 못할 것 같은 그 일을 왜 시작하느냐고 홍 목사에게 종종 묻는다. 하지만 그는 그런 말에 조금도 신경 쓰지 않는다. 그리고 이렇게 대답한다.

"그 일의 주인은 내가 아닙니다. 나는 내 주인 되신 주님이 하라는 날까지만 그 일을 하면 됩니다. 주님이 허락하지 않으시면 나는 아무 일도 할 수 없습니다. 하는 데까지 하다가 주님이 그만두라고 명하시면 언제라도 다른 사람에게 배턴을 넘길 수 있습니다. 거기까지 하면 됩니다. 우리 주님은 다른 사람을 통해서라도 그분의 일을 이루어 가시니까요. 내가 지금 하는 일이 그분의 일이라는 확신만 있으면 됩니다. 확신 가운데 시작하면 그 다음은 그분이 책임져 주십니다."

실제로 그는 지난 세월 아무리 화려하고 의미 있어 보이는 일이라도 주님이 그에게 허락하신 일이 아니라고 생각되면 맡지 않았다고 한다. 반대로 아무리 보잘 것 없고 힘들어도 주님이 맡긴 일은 계산하지 않고 시작했다.

그런 그에게 인생이 무엇인지 물었다. 홍 목사는 선뜻 '인생은 나그네 길'이라고 말했다. 가수 최희준 씨의 노래 제목이 아니냐는 말에 그는 거듭 '인생은 나그네 여행길'이라고 말하며 여행을 잘하기 위해 필요한 세 가지 조건을 들었다.

"먼저 좋은 동반자가 있어야 합니다. 그리고 짐이 적어야 하지요. 마지막으로 돌아갈 집이 있어야 합니다. 여행의 진정한 즐거움은 돌아갈 집이 있는 사람만 느낄 수 있는 것이거든요. 그런 의미에서 나는 행복한 여행자입니다. 돌아갈 집이 있는…."

자기부정과 순리의 목회

―

이정익

이정익

신촌교회 이정익 목사는 경천애민敬天愛民 사상을 지닌 목회자이다. '하나님 사랑'을 바탕으로 '이웃 사랑'을 실천할 것을 강조한다. 40년 동안 한 번도 다른 길을 쳐다보지 않고 목회 외길을 걸어온 그가 가장 고귀하게 여기는 두 가지 가치는 '자기부정'과 '순리'다. 진정한 경천애민의 목회는 자기부정과 순리 정신이 없으면 이룰 수 없기 때문이다. 그는 부드러운 목회자이다. 외관상 그에게선 너그러움과 품격이 느껴진다. 한편으론 느리고 답답하게도 보일는지 모른다. 그러나 가슴속에 타오르는 열정이 그를 들끓게 만든다. 그 내면의 열정은 참된 기독교를 시도해보는 것! 그것이 오늘도 그를 교회와 민족, 세계를 붙들고 기도하게 만드는 원동력이다. 깊은 강물처럼 잔잔한 듯 힘찬 흐름을 멈추지 않는 그가 생각하는 설교와 목회에 관한 이야기를 들어본다.

이정익

본회퍼를 만나다

이정익 목사는 신학생이던 20대 때 독일의 신학자이자 목회자인 디트리히 본회퍼 목사의 삶을 다룬 《죽음 앞에서》를 읽었다. 그 책은 충격으로 다가왔다. 39세의 젊은 나이에 교수대의 이슬로 사라진 본회퍼 목사의 삶은 그의 인생과 목회에 절대적인 영향을 미쳤다. 그가 평생 간직한 자기부정의 목회는 전적으로 본회퍼의 영향에서 비롯되었다.

본회퍼는 크리스천으로서, 목사로서 나치 독일의 만행에 맞섰다. 본회퍼는 예수 그리스도가 십자가에서 세 가지를 하나님께 위탁했다고 말했다. 그것은 명예와 생명과 업적이었다. 그 세 가지를 내려놓은 예수 그리스도는 하나님의 뜻에 맞는 결정과 행동을 할 수 있었다. 본회퍼 역시 그 세 가지를 내려놓고 나치에 대항했다. 양심과 성서는 행동하는 신학자로서 본회퍼가 지닌 최대의 병기였다.

이 목사에게 본회퍼는 목회자로서 역할 모델이 되었다. 어떻게 한 크리스천이 내면에서 울리는 양심의 소리와 성경 말씀에 충실할 수 있을지 이 목사는 깊이 생각해보았다. 그것은 자기부정 없이는 이룰 수 없는 것이었다. 자기부정은 오직 하나님의 기분만 생각하는 것이다. 자기부정은 겸손이다. 겸손은 하나님을 기쁘게 해드릴 능력이 자신에게 전혀 없음을 인식하는 것이다. 그런 자기부정을 통해서만 크리스천들은 하나님의 뜻을 이 땅에 이루는 참된 도구로 사용될 수 있다. 당시 신학생이던 그는 결심했다. '평생 본회퍼와 같이 자기부정의 목회를 하리라!'

독실한 신앙 가문에서 태어난 이 목사는 별다른 고민 없이 신학교에 입학했다. 정해진 순서에 따라서 목사가 되었다. 이 길이냐 저 길이냐 고민하며 결정하는 순간도 없었다. 극적인 계기도 없었다. 다만 당연히 가야 할 길이 목회라고 생각했다. 그의 삶의 색은 모노톤이었다. 밋밋했다. 그 밋밋한 삶에서 만난 본회퍼는 그가 이 땅에서 목회를 해야 할 이유와 목적을 가르쳐주었다. 이 목사의 평생에 걸친 물음 "목회란 무엇인가?"에도 대답을 해주었다. 경천애민의 목회, 자기부정의 목회, 순리의 목회라는 이 목사의 목회 철학은 이렇게 만들어졌다.

자기부정으로 하나님의 뜻을 발견하라

이 땅의 목회자치고 한국교회를 걱정하지 않는 사람이 있을까? 이 목사는 한국교회를 사랑한다. 몸을 던져서 지키고 싶어 한다. 그래서 최근 사회로부터 맹비난을 받으며 만신창이 신세가 된 한국교회의 모습에 가슴 아파한다.

한국교회에 대한 그의 진단은 간단하다. 모든 문제의 근원이 목회자에게 있다는 것이다. 다른 외부 환경에 핑계를 돌릴 필요가 없다. 이 목사가 한국교회를 가만히 들여다보니 문제는 목회자에게서 비롯되었다. 성도들의 문제가 아니었다. 바로 이 땅의 목회자들이 자기부정의 목회를 하지 않는 게 문제였다. 목회자들이 상식과 순리를 따르는 목회를 하지 않다 보니 비정상이 정상처럼 보이게 되는 지경에 이르렀다고 그는 진단한다.

그는 2007년에 성결교 총회장을 역임했다. 성결교단은 1907년 서울 종로 평신도들이 '동양선교회 복음전도관'으로 창립한 이래로 오늘에 이르렀다. 교단 창립 100주년이 되는 의미 깊은 해에 그는 총회장의 직무를 수행했다. 한국교회나 사회에서는 별다른 관심이 없었지만 당시 성결교 내부에서는 기독교대한성결교회(기성)와 예수교대한성결교회(예성)의 통합 문제가 초미의 관심사였다. 같은 성결교의 뿌리를 갖고 있는 양측은 지난 1961년 이후 분열되어 온 터였다.

양 교단은 수년 동안 통합을 위해 공식·비공식 작업을 진행했지만 최종적으로 통합을 이루어내지 못했다. 뿌리 깊은 교권주의가 통합을 가로막았다. 모두가 통합의 원칙에 찬동했지만 통합으로 인해 기득권을 상실하는 측에서는 이를 공식·비공식적으로 반대했다.

신촌교회는 기성 교단 소속이다. 이 목사는 총회장 취임 후 일성으로 교단 통합을 부르짖었다. 100주년이라는 뜻 깊은 해를 맞아 하나가 되자고 역설했다. 수십 년간 나뉘어 있던 교단을 일치시켜

후대에 아름다운 유산으로 물려주자고 강조했다.

통합을 위해서 누군가는 자기부정을 해야 했다. 그래서 그는 자신부터 부정하기로 했다. 모든 기득권을 포기하기로 했다. 통합이라는 대의를 위해서 나머지 모든 것들을 내려놓기로 했다. 통합을 위해서라면 '기독교대한성결교회'라는 교단 이름도 포기하겠다는 파격적인 제안을 내놓았다. 예성보다는 기성의 교세가 더 컸기 때문에 예성 교단 내부에서 흡수 통합에 대한 우려가 제기되던 차였다. 이 목사의 제안 이후 기성 교단 내부에서도 반대가 극심했다. 이 목사는 설득에 설득을 거듭했다. '우리를 부정하자'는 그의 소리는 명분 있는 외침이었다. 점차 많은 사람들이 동조했다.

그가 자신의 문제를 훨씬 뛰어넘는 교단 문제에까지 자기부정을 시도할 수 있었던 것은 본회퍼에게서 받은 영향이 결정적이었다. 행동의 준거는 간단했다. '본회퍼 목사가 지금 내 자리에 있었더라면 어떤 행동을 했을까?' 본회퍼는 늘 자기부정을 통해 하나님의 참된 뜻을 발견했다. 이 목사는 자신이 처한 환경에서 최대한 본회퍼 정신을 이어 나가기를 소망했다.

그는 한국교회 양대 산맥인 한국기독교총연합과 한국기독교교회협의회(KNCC)도 통합해야 한다고 주장했다. 나뉠 이유가 없다는 것이다. 스스로를 부정하지 않으면 100년이 지나더라도 결코 하나가 될 수 없다고 각종 세미나에서 강조했다. "하나님 앞에서 벌거벗은 심정으로 우리 스스로를 부정하자"고 주장했다. 만나는 목회자들에게는 "지금 결단하지 않으면 언제 할 수 있겠습니까? 내가 먼저 벗을 테니 당신도 벗으시오"라고 말했다. 그는 그 같은 자

이 목사는 신학생 시절 디트리히 본회퍼 목사의 삶을 다룬 《죽음 앞에서》를 읽었다. 충격이었다. 그 후 39세의 젊은 나이에 교수대의 이슬로 사라진 본회퍼의 삶은 그의 인생과 목회에 절대적 영향을 미쳤다. 그가 평생 간직한 자기부정의 목회는 전적으로 본회퍼의 영향이다.

기부정 의식을 전염시키고 싶었다. 본회퍼의 정신이 한국교회에 넘치기를 간절히 소망했다.

그러나 구체적인 반응은 없었다. 돌에 대고 외치는 것 같았다. 아직은 자신이 외친 소리가 메아리로만 돌아왔다. 기성과 예성의 통합은 일단 물 건너갔다. 그런 모습을 보면서 그는 막막한 느낌이 들었다. 아직 하나님의 때가 아닌가라는 안타까움만 더해갔다.

그는 한국교회는 지금 종교 개혁을 해야 한다고 생각한다. 그 개혁은 한국교회 스스로가 해야 하는 일이다.

"시기를 놓치면 외부에서 개혁의 요구가 들어올 수밖에 없습니다. 그때 개혁의 거센 요구를 거부하면 뭇매를 맞게 됩니다. 물밀듯 들어오는 개혁의 요구에 어쩔 수 없이 응하게 되는 것은 불행한 일이지요. 그 물결이 오기 전에 해야 합니다. 누가 개혁의 주체가 되어야 합니까? 당연히 목회자들입니다. 요즘은 기독교를 전혀 모르는 사람들도 교회를 보면서 아우성을 칩니다. 왜 그럴까요? 때가 되었기 때문입니다. 때가 찼는데도 한국교회가 적합한 행동을 하지 않는다면 하나님의 뭇매를 맞게 될 것입니다."

본회퍼의 인생 가운데 하이라이트는 그가 미국 유니언신학교에서 공부할 때, 나치 독일로 돌아갈지 여부를 고민하는 부분이라고 이 목사는 말했다. 당시 본회퍼의 지인들은 절대로 독일로 돌아가지 말라고 그에게 강권했다. 본회퍼 역시 고민했다. 자신의 신학 사상과 철학적 양심에 비춰볼 때, 독일에서 행동하지 않고 그냥 있을 수 없다는 사실을 알았기 때문이다.

"본회퍼라고 왜 고민이 없었겠습니까? 독일에서 죽을 수 있다는 사실을 뻔히 알았는데요. 그는 갈등을 했지만 결단을 내리고 독일로 돌아갑니다. 나치 정권이 분명 하나님의 뜻과 위배된다는 사실을 확신했기에 내린 결정입니다. 본회퍼는 특히 독일교회가 히틀러를 찬양하는 데 동참하는 모습을 보고 결정적으로 귀국하기로 결심합니다. '도저히 이건 아니야'라고 생각하면서 담담하게 사지와 같은 독일로 떠난 것이지요. 그리고 가서 행동했습니다. 그의 행동은 양심에 따른 몸부림이었으며, 그 양심의 기준은 성서였습니다. 오늘 이 시대에는 정말로 본회퍼와 같은 목회자가 필요합니다. 특별히 젊은 목회자들이 본회퍼와 같이 양심에 따른 행동을 할 경우에 지금 보이는 여러 문제들이 해결될 것입니다."

순리의 목회

이 목사는 충남 예산 삽교에서 태어났다. 서울신학대학교에서 신학을, 고려대 대학원에서 서양 사학을 전공했다. 미국 아주사퍼시픽대학에서 명예 신학박사 학위도 취득했다. 신학교를 졸업한 뒤에는 육군 군목 생활을 했다. 최전방 철책선에서 근무했다. 요즘도 그는 군에 자주 가서 말씀을 전한다. 군대에서 그는 인기가 높다. 군 시절의 절절한 경험을 토대로 사병들의 눈높이에 맞춰 설교를 하기 때문이다.

그러나 그는 개척 교회 목회자들 앞에서는 한없이 작아지는 느낌이다. 개척 교회 목회자들에게 항상 빚진 마음을 갖고 있다. 자신의 목회 인생에서 가장 아쉬운 부분이 교회 개척을 해보지 못한 점이라고 그는 말한다.

이 목사는 성결교 내에서 모두가 부러워하는 탄탄대로의 목회를 펼쳤다. 군목을 제대하고 37세라는 젊은 나이에 당시 1,000여 명의 성도들이 모이는 춘천소양교회 담임으로 부임했다. 4년 후에는 성결교에서는 두 번째로 역사가 오래된 서울 아현교회 담임으로 옮겼다. 당시에는 파격적인 부임이었다. 5년 동안 아현교회에서 목회를 하고 있던 이 목사에게 어느 날 서울 신촌교회 담임으로 있던 정진경 목사가 찾아왔다. 은퇴를 앞둔 정 목사는 이 목사에게 후임으로 올 것을 강권했다. 당시 아현교회는 이 목사가 부임한 이후 과거의 어려운 문제들을 극복하고 부흥 가도를 달리고 있었다. 그러나 정 목사의 강력한 권유와 교단 어른들의 조언을 외면하기 어려웠다. 결국 이 목사는 1991년 신촌교회에 부임했다.

그는 지금까지 한 번도 교회에 이력서를 내본 적이 없다. 사전에 교회 중직자들과 성도들 앞에서 시범 설교를 하는 소위 '목회자 선'도 보지 않았다. 큰 교회를 목회하겠다는 개인적 비전이나 욕망도 없었다. 그저 흐르는 대로 흘러갔다. 웬만한 것은 물 흐르듯 순리에 맡겼다. 그러다보니 지금의 자리에 왔다. 주변에서 "이 목사는 너무 엘리트 코스만 밟았다"는 소리를 한다. 총회장에 출마할 때에는 그가 한 번도 제대로 고생하지 않았다는 비판 아닌 비판도 들었다.

그러나 이 목사는 전도사 시절에 폐질환으로 사경을 헤맨 경험도 있었고, 교회를 옮길 때마다 나름대로 고통을 겪었다. 자신의 의

목회 인생에서 가장 아쉬운 부분은 교회 개척을 해보지 못한 것이라고 말하는 이 목사는 지금까지 한 번도 교회에 이력서를 내본 적이 없다. 주변에 "이 목사는 너무 엘리트 코스만 밟았다"는 소리도 있다. 하지만 전도사 시절에 폐질환으로 사경을 헤맨 적도 있었고, 교회를 옮길 때마다 나름대로 고통을 겪기도 했었다. 부교역자들과 함께한 이정익 목사.

지보다는 주변 환경에 떠밀려 옮겨갔다. 부임할 당시 신촌교회는 그다지 환경이 좋지 않았다. 신촌교회는 교회성장학에서 말하는 교회성장을 위한 어떤 필요충분조건도 갖추지 못한 교회이다. 교회가 자리 잡은 신촌은 거주지라기보다는 스쳐 지나가는 곳이다. 엄밀하게 말하면 신촌교회는 지역을 기반으로 한 지역교회가 아니다. 신촌교회 성도들은 서울 전역에 살고 있다. 주차 사정도 열악하다. 젊은이들이 정착하기 힘들다. 구성원들의 학력도 높다. 고학력 성도들이 많은 것이 목회에 도움이 되지 않을 때가 있다. 고학력자들은 이론이 많은 대신 영적인 박력이 없다. 헌신이 부족하다. 지성적인 교회가 갖는 한계이다. 또한 전임자인 정진경 목사는 한국교회의 거목으로 모두가 존경하는 목회자이다. 너무 큰 나무 밑에 있는 나무는 왜소해질 수밖에 없다.

 이 목사는 처음 신촌교회로 올 때 미래에 대한 두려움이 적지 않았다고 털어놓았다. 당시에 자신은 문전옥답을 버리고 미지로 떠나는 모험을 감행했다고 말한다. 그만이 간직한 애환이 적지 않았다. 그러나 이 목사는 여러 한계를 극복하고 신촌교회를 부흥시켰다. 현재 신촌교회의 주일 출석 인원은 어린이를 포함해서 4,500여 명 정도이다. 재적은 7,000명이 넘는다. 그 가운데 20대와 30대가 50퍼센트를 넘는다. 이 목사와 교회가 젊은이 목회에 중점적으로 투자한 결과이다.

교회, 모든 사람이 함께 춤추는 공동체

그에게 목회란 푸른 신앙 공동체를 만드는 것이다. 성도들이 성경에 기록된 대로 영적이면서 동시에 육적인 나눔의 삶을 살도록 돕는 것이다. 그는 강요하거나 밀어붙이는 스타일이 아니다. 1966년에 신학교에 입학한 후 40년이 넘도록 목회를 해오면서 성도들에게 공동체에 참여하라고 강권한 적이 없다. 그저 스스로 알아서 와주기를 원했다.

그는 철저한 자율을 추구한다. 성격이 본래 그렇다. 지휘관형이기보다는 코치형이다. 무대 위에서 혼자 춤추는 스타플레이어가 아니라 무대 밑에서 전체를 조율하는 감독이 더 적합한 인물이다. 방향만 정해주고 그 방향대로 성도들이 자발적으로 가게 만든다. 성도들은 목회자를 닮는다. 신촌교회에는 톡 튀는 사람도, 뒤처지는 사람도 별로 없다. 불화와 갈등도 찾아보기 힘들다.

그렇다고 신촌교회가 응집력이 없는 교회는 아니다. 2005년 창립 50주년 기념일을 맞이해 교회는 전 성도 장기기증운동을 펼쳤다. 이 목사 부부가 먼저 사후 시신기증을 서약했다. 당시 3,200여 명이 주일예배에 출석했는데 그 중 1,700여 명이 장기기증 서약을 했다. 그 모습을 보고 이 목사는 '내가 실패한 목회자는 아니구나'라고 생각했다. 그는 신자들을 믿었다. 평소에는 밋밋하게 보이더라도 일단 유사시가 되면 행동할 것이라고 확신했다. 그 확신이 실체로 드러난 것이다.

그에게 신자는 팔짱 끼고 있는 관객이 아니라 하나님 나라의 가족 공동체이다. 가족은 방관자가 아니다. 적극적인 참여자이다. 사랑하는 마음으로 서로 돌보는 사람들이다. 신자들은 교회 출석자에 머무는 것이 아니라 예수의 정신을 조금이라도 구현할 수 있는 다양한 사역에 참여해야 한다. 교회를 뛰어넘어 직장과 사회, 마을에서 하늘 공동체를 구현해야 한다. 이 목사는 "신자들은 예수 이름으로 세상에 나가서 이 땅을 변화시키는 어떤 일에든지 참여해야 한다"고 말한다. 교회 내 수많은 청중들은 실제로 신자와 비신자로 구분된다. 이 목사는 교회에 신자의 수가 50퍼센트 이상을 차지할 때 진정한 사역이 가능하다고 강조한다. 그는 목사만이 교회의 주역이 아니라는 확고한 생각을 갖고 있다. 그가 꿈꾸는 교회는 모든 사람들이 함께 춤추는 공동체이다.

원로 목사와의 아름다운 동행

이 목사가 신촌교회에 와서 이룬 어떤 목회적 업적보다 빛나는 일이 있다. 1991년 신촌교회에 부임한 이래로 원로인 정진경 목사와 아름다운 관계를 유지해온 것이다.

   사실 한국교회에서 원로 목사와 후임 목사가 친하게 지내기란 여간해서 쉽지 않다. 둘 사이의 관계는 시어머니와 며느리와 같다. 후임 목사는 원로 목사가 언제나 부담스러울 수밖에 없다. 설교를 하다가도 자신을 뚫어져라 쳐다보는 원로 목사의 눈을 쳐다보면 기가 질리지 않겠는가? 원로 목사 입장에서도 마찬가지다. 담임 목사직을 떠난 허전함이 왜 없겠는가? 후임 목사의 설교에 "참으로 은혜 많이 받았습니다"라고 말하는 성도들을 보면 흐뭇함과 미묘한 씁쓸함이 교차될 것이다. 목사이기 전에 인간이기 때문이다. 속 좁은 원로 목사라면 후임 목사가 성도들의 사랑받는 것을 견디지 못한다.

이 목사는 원로 정진경 목사와 깊은 신뢰의 관계로 지내고 있다. 두 사람은 원로와 후임 목사의 모범이 될 만큼 좋은 관계를 유지하고 있다. 이 목사가 부임한 이후 둘 사이에 지금까지 단 한 번도 갈등이 없었다고 한다. 무엇보다도 두 사람 모두가 품격 있는 목회자이기 때문에 가능한 일이었다.

정 목사는 처음 이 목사를 만났을 때, "나에 대해서는 전혀 염려하지 마라"는 말 한마디를 했다. 그 말이 어떤 의미인지 이 목사는 잘 알아들었다. 정 목사는 그 말에 대한 책임을 지금까지 지고 있다. 이 목사는 정 목사가 매우 인격적이고 지혜로운 목회자라고 평한다. 그에 따르면 정 목사는 퇴임 이후 후임자에게 조그만 부담도 주지 않았다. 교회에서 전혀 목소리를 내지 않았다. 이 목사의 목회에 일체 간섭하지 않았다. 대신 교회를 돌아다니면서 이 목사 자랑을 많이 한다. 결국 그 소리는 돌아서 이 목사의 귀에 들어오게 마련이다.

이 목사도 정 목사에게 최선을 다하고자 했다. 먼저 그는 취임 이후 교회 내에 드리워진 정 목사의 흔적을 전혀 지우지 않았다. 4년 동안 주보 형식을 바꾸지 않았다. 정 목사가 하던 그대로 목회를 이어나갔다. 취임 직후 생각했던 것보다 강단이 지나치게 높다고 느

한국교회에서 원로 목사와 후임 목사는 고부관계와 같다지만 정진경 원로 목사와 이정익 목사의 아름다운 관계는 신촌교회의 어떤 목회 업적보다 빛난다. 남는 것은 업적이 아니라 관계이고, 인격은 관계에서 드러나게 마련이다.

겼지만 그대로 썼다. 주보 형식을 바꾼 뒤에야 비로소 강단의 높이를 조금 낮췄다. 교회 프로그램에서 영성을 강화하고 싶었지만 그 작업도 몇 년이 지난 뒤에 실시했다.

어떤 결정을 하기 전에는 매사에 충분히 정 목사에게 설명하고 이해를 구했다. 정 목사가 퇴임한 이후에도 10년 동안 매월 한 차례씩 주일 대예배 설교를 하도록 했다. 최근에 정 목사가 "이제 기운이 없어서 매월 설교하기 힘들다"고 말하자 그는 "하실 수 있을 때까지 마음껏 하시라"고 대답했다.

그는 후임자가 실패하는 원인 가운데 하나가 전임자의 잔영을 빨리 지우려고 하기 때문이라고 진단한다.

"전임자의 잔영은 쉽게 없어지지 않습니다. 이를테면 사랑의교회에서 옥한흠 목사님의 잔영이 20년 내에 없어지겠습니까? 천만의 말씀입니다. 오정현 목사가 은퇴하는 순간까지도 옥 목사님의 잔영은 사랑의교회 도처에 남아 있을 것입니다. 없애려 하면 안 되지요. 오히려 그 잔영을 아름답게 활용해야 합니다."

이 목사는 취임 이후 두 달에 한 번씩은 반드시 정 목사와 부부 동반 식사를 했다. 식사를 하면서 그동안의 교회 이야기를 모두 해드린다. 그 시간은 서로를 이해하는 시간이다. 오해할 만한 소문이 있으면 자세히 설명한다. 그 만남에는 반드시 원로목사의 사모가 함께하도록 했다. 어쩌면 후임 목사는 원로 목사보다 원로 목사 사모를 더 챙겨야 한다. 퇴임에 따른 허전함을 사모가 더 느낄 것이기 때문이다. 어버이날은 한 번도 거르지 않고 모시고 나가 대접을 해드렸다. 이 모든 게 의무가 아니라 진심에서 한 일들이다.

남는 것은 업적이 아니라 관계이다. 그리고 관계에서 인격이 드러나는 법이다.

거룩한 불만족을 느끼자

목회에서 성공이란 단어는 결코 사용될 수도 없고 사용해서도 안 되는 용어라고 그는 강조한다. 그에 따르면 현실 목회에 세상적인 이미지의 성공 말고는 다른 성공 모델이 없는 것 자체가 불행한 일이다. 한국교회에서 목회자들은 성공 중독증 환자처럼 살아간다. 개인의 야망을 주님의 뜻처럼 선포한다. 자신의 생각에 기초해 함부로 비전을 말한다. 목회의 진정한 의미에 대해서는 깊이 생각하지 않는다.

가끔 이 목사는 젊은 신학도들의 가슴속에 무엇이 들어 있을까 생각해본다. 그가 만난 많은 신학생들이 성공주의 목회에 물들어 있었다. 그는 이 시대 교회의 문제는 목회자의 문제라고 단언한다. 이 땅의 교회에서 자기부정이 아니라 욕망에 가득 찬 목회, 순리가 아니라 역리逆理의 목회가 펼쳐지고 있다고 개탄한다.

평소 그는 부드러운 목회자이다. 그에게선 너그러움과 품격이 느껴진다. 한편 이것이 그를 느리고 답답하게 보이게 하는지도 모른다. 그러나 그의 가슴속에는 타오르는 열정이 있다. 때론 그 열정이 그를 분노하게 만든다. 정의에 기초를 둔 올바른 말이 교권주의의 벽에 부닥쳐 땅에 떨어질 때에는 가슴속의 열기를 토하고 죽어버리고 싶을 만큼 분노를 느낀다.

그 내면의 열정은 참된 기독교를 시도해보는 것! 그것이 오늘도 그를 교회와 민족, 세계를 붙들고 기도하게 만드는 원동력이다. 영국의 대 설교가인 마틴 로이드 존스 목사는 "기독교는 시도된 적도, 부족함이 드러난 적도 없습니다. 다만 어렵다고 여겨져 시도되지 않았을 뿐입니다"라고 말했다. 그는 크리스천들이 성공에 대한 생각을 달리 하지 않으면 한국교회는 물론 사회에 참된 소망을 던져줄 수 없다고 단언한다.

성공에 대한 질문을 받을 때마다 또 다시 본회퍼를 생각한다. 그가 보기에 본회퍼야말로 성공한 목회자이다. 그는 신앙의 양심에 따라 용기 있게 행동했다. 비록 비참하게 이 땅을 떠났지만 세월이 지나가면서 더욱 많은 사람들에게 영향을 주고 있지 않은가? 그런 의미에서 본회퍼는 성공한 목회자이다. 세상이 아니라 주님이 성공했다고 평가해주실 것이다. 이 목사는 자신도 그런 참된 성공자가 되고 싶다고 했다.

이 목사는 주일예배 설교를 정확하게 25분 동안 한다. 신촌교회에 부임한 이후 780여 회의 주일 설교를 했다. 그는 금요일까지 설교 요약 작업을 끝낸다. 토요일에는 구어체로 원고를 쓴다. 주 초반에 설교 작업을 끝내지 않는다. 설교를 빨리 끝내버리면 나태해지기 때문이다. 이럴 경우 틀림없이 죽을 쓰게 되어 있다. 강단에는 원고를 외워서 올라간다. 가급적이면 원고를 보지 않고 설교한다.

그는 주일예배에서 상황을 중시하는 주제설교를 하고 있다. 한때는 강해설교를 하기도 했다. 강해설교를 하면 설교자는 편하다.

일단 다음에 무슨 주제로, 어떤 성경 구절을 갖고 설교해야 할지 고민할 필요가 없기 때문이다. 그러나 그가 보기에 강해설교를 할 경우 설교가 끝나고 나면 별로 남는 것이 없다. 목회자는 상황을 무시할 수 없다. 한 주일 후에는 아무도 예측하지 못한 상황이 벌어질 수 있는데, 설교자는 그 상황을 성경과 연결시켜 청중들에게 해법을 줘야 한다. 또한 교회력에 따른 수많은 설교도 해야 한다. 그는 삼일절과 광복절에는 반드시 구국설교를 한다. 성도들에게 역사의 중요성을 강조한다. 그러다 보니 일관성 있게 강해설교를 하기가 힘들다. 그가 생각하기에 강해설교는 가장 좋은 설교 유형은 아니다. 새벽예배나 수요예배에서는 강해설교가 가능하지만 주일예배에서는 모든 상황을 고려해야 한다.

그러나 어떤 상황이 벌어질 때마다 그것만 놓고 설교할 수는 없다. 먼저 그 상황이 주일설교에서 언급할 만한 가치가 있어야 한다. 그는 상황에 짜 맞추기 위해서 성경을 찾는 우를 범하지 않으려 한다. 한 상황과 관련된 설교는 2회나 3회 정도에 걸쳐 한다.

설교에는 설교자가 살아온 경험에서 우러나온 내용이 담겨야 한다고 그는 믿는다. 그래서 가급적이면 삶과 연관된 다양한 예화를 선택하려 한다. 외국 예화는 잘 쓰지 않는다. 기적 같은 자극적인 예화보다는 일상의 삶에서 나타난 잔잔한 내용들을 선택한다. 별로 감동될 것이 없는데도 그런 것들을 통해 청중들이 깊은 맛을 느낀다는 사실을 발견한다. 또한 그는 지나치게 개념적이거나 철학적인 예화도 피한다.

그는 설교자들이 지나치게 성경을 깊이 파헤치는 데 반대한다.

설교하는 중에 헬라어와 히브리어를 자주 사용하는 것도 피한다. 적지 않은 설교자들이 굳이 쓰지 않아도 되는 영어를 사용하는 것도 꼴불견 가운데 하나이다. 이 목사는 너무나 깊은 신학적 내용이 들어간 설교는 성도들이 부담스러워한다고 생각한다. 신자들을 지나치게 피곤하게 해서는 안 된다는 것이 그의 지론이다. 신자들이 소화할 수 있는 내용을 전해야 한다. 설교자는 성경이 이 시대에 사는 우리들에게 주는 메시지가 무엇인지를 전달해주면 된다. 그의 눈에 요즘 설교자들은 지나치게 현학적이며 자기 과신이 심하다. 성도들이 이해하지 못하는 설교를 해놓고 잘하는 설교라고 스스로 생각한다. 성도들이 이해하지 못하는 설교는 설교자의 자기만족에 불과하다.

그는 자신이 매주 설교한다는 사실 자체가 주제 넘는 일이라고 고백한다. 자신은 다른 사람에게 말씀을 전하기에 너무나 부족하다는 것이다. 그럼에도 설교하는 것은 그 메시지가 자신의 말이 아니기 때문이다. 그래서 선포할 수 있다. 설교는 하나님이 그 시대에 말씀하시고자 하는 메시지를 성경을 통해 간접적으로 전하는 행위이다.

이 목사가 생각하기에 청중들이 어떤 설교자의 설교에 귀를 기울이는 것은 그 설교자의 사상과 철학을 듣기 위해서가 아니다. 오늘 이 시대에 자신들을 향한 하나님의 메시지가 무엇인지를 알기 위해서이다. 이 목사는 그 메시지를 충실히 전한다는 심정으로 설교를 하고 있다.

설교에 너무 많은 조미료를 치지 말라

이 목사는 소위 '좋은 설교'는 대상에 따라서 달리 규정될 수 있다고 말한다. 일반 신자들은 설교가 재미있을 때, 신앙이 성숙한 자들은 성경 본문이 충실하고 내용이 감동적으로 전달될 때, 그리고 목회자는 사람들이 자신의 말을 잘 받아줄 때 좋은 설교라고 말한다. 이 목사가 보기에 '좋은 설교'는 무엇보다도 성경의 의도가 가장 잘 전달된 설교이다.

그는 요즘 한국교회의 강단이 심각하게 오염이 되었다고 개탄한다. 무엇보다도 성경 본문을 설교자가 자의적으로 해석하는 것이 문제이다. 성경적 설교를 하는 것이 아니라 설교자 자신의 설교를 하고 있다. 설교자 스스로가 강한 목적을 갖고 있을 때 설교는 변질된다.

사람들에게 감동을 주어야 한다는 강박관념이 있다 보니 설교자들은 곧잘 설교에 조미료를 친다. 그 조미료는 예화이다. 성도들을 웃기려 하다 보니 순화 되지 않은 내용들이 강단에 넘친다. 물론 조미료는 필요하다. 생선찌개를 만들 때 생선만 갖고 요리할 수는 없다. 양념을 잘 넣고 간을 제대로 맞춰야 한다. 그러나 그 양념은 적절히 들어갈 때에만 진가를 발휘한다. 그래서 강조하는 것이 적절함의 은사이다. 필요 이상으로 조미료가 많이 들어가면 혀는 즐거울지 몰라도 본래 음식의 맛은 없어진다. 설교도 마찬가지다. 너무 조미료를 많이 치다 보면 메시지의 맛이 달아난다.

그는 좋은 설교가 되기 위해서는 기본에 충실해야 한다고 강조한다.

"인간은 유치원에서만 제대로 교육 받아도 평생 훌륭한 삶을 삽니다. 신학교에서는 무엇보다도 기본기를 다져야 합니다. 신학생들이 너무 농익은 설교자의 흉내를 내서는 안 됩니다. 특히 신학생 때에는 자신이 평생 할 설교의 틀을 잡아야 합니다. 일찍부터 변칙을 사용해서는 안 됩니다. 신학생 때 설교의 구조를 완벽하게 만들 줄 알아야 합니다. 이 기본을 무시하고 건방지게 부흥사 흉내를 내면 온전한 설교를 할 수 없습니다."

이 목사는 설교를 준비하는 사람들은 가능하면 설교문을 완벽하게 쓸 것을 권유했다. 설교문을 보관해서 세월이 지난 다음 읽어보면 설교자 자신이 얼마만큼 진보했는지 알 수 있다는 것이다. 결국 설교에는 왕도가 없다. 기본에 충실해야 하는 것이다. 신촌교회에서는 주일예배 설교 전문이 주보에 실린다. 성도들은 이 주보를 전도지로 사용하고 예배에 참석하지 못한 교우들에게 보내주기도 한다.

이 목사는 자신에게는 좋은 설교자가 될 소질이 없다고 토로한다. 우선 말이 느리다. 사투리가 많다. 표현력도 풍부하지 못하다. 자신만의 독특한 스타일이 없다. 소위 '이정익류'의 설교 유형이 없다는 것이다. 스스로 정열적인 설교자형이 아니라고 말한다. 사실 신촌교회 청중들도 삼일교회의 전병욱 목사와 같은 정열적인 설교자를 원하지 않는다. 설교자로서 이 목사의 무기는 성실이다. 그는 설교 준비에 최선을 다한다.

이정익 목사의 '이 책을 먹으라'

설교 준비를 위해서 이 목사는 다양한 독서를 한다. 그는 책을 많이 읽는 목회자이다. 의도적으로 신간을 많이 읽는 것은 젊은이들과 호흡하기 위해서이다. 청년들과 보조를 맞추기 위해서는 이 시대의 언어를 알아야 한다. 그의 책상 위에는 로리 베스 존스의 《최고경영자 예수》와 같은 기독 경영서들이 놓여 있다. 《경청》과 《둔감력》 등 최근 인기를 끌었던 책들이 서고에 꽂혀 있다.

그는 이 땅의 크리스천들에게 본회퍼의 삶을 다룬 《죽음 앞에서》를 꼭 읽어보라고 권한다. 수많은 목회자와 성도들이 그 책을 읽고 자신과 같은 자기부정의 결심을 할 수 있기를 소망한다.

스탕달의 《적과 흑》이나 도스토예프스키의 《카라마조프가의 형제들》과 같은 일반 고전은 목회자들뿐 아니라 성도들도 읽어야 할 책이라고 추천한다. 그에 따르면 특히 목회자들은 목사가 되기 전에 일반 고전 읽기를 끝내야 한다. 목회 현장에 수없이 많은 부류의 사람들이 있기 때문에 인간에 대한 이해는 필수적이다.

이 목사는 윌리엄 번스타인의 《부의 탄생》과 앨빈 토플러의 《제3의 물결》 등 변화와 관련된 책들도 즐겨 읽는다. 목회를 하다 보면 세상 변화에 둔감하기 쉽다. 그 둔감함을 탈피할 수 있는 가장 효과적인 방법이 좋은 책을 읽는 것이다. 변화를 주도해나가기 위해서는 세상 변화에 민감해야 한다. 목회자는 세상의 한복판에서 비켜서 있는 사람이다. 그러나 목회자가 만나는 성도들은 세상 한복판에서 살고 있다. 세상의 기류를 알지 못하면 성도들을 이해할

청중들이 설교자의 설교에 귀를 기울이는 것은 그의 사상과 철학을 들으려고 함이 아니다. 오늘 이 시대에 자신들에게 향한 하나님의 메시지가 무엇인지를 알기 위해서이다. 이 목사는 그 메시지를 충실히 전한다는 심정으로 설교를 한다.

수 없다. 이 목사는 독서를 통해서 이 모든 부족한 점을 메운다고 말한다.

크리스천이라면 존 번연의 《천로역정》이나 스위스 사상가인 칼 힐티의 《잠 못 이루는 밤을 위하여》, 토마스 아 켐피스의 《그리스도를 본받아》 등의 신앙 고전을 반드시 읽어야 할 것이다. 이런 책들은 휴가지에 들고 가서 읽으면 좋다. 그는 신학생 시절에 《천로역정》을 읽고 큰 깨달음을 얻었다. 사실 《천로역정》을 읽고 감동을 받은 목회자들은 부지기수이다. 흰 도포를 입고 '조선식 믿음'을 주창했던 감리교의 이용도 목사는 《천로역정》을 읽은 뒤 평생 주님의 흉내를 내며 살겠다고 다짐했다. 그가 이후 한결같이 흰 도포를 입은 이유가 여기에 있다. 또한 성결교의 대부흥사로 신촌교회를 개척한 이성봉 목사가 자주 했던 설교도 《천로역정》과 관련된 내용이다. 목회자라면 반드시 《천로역정》을 정독해야 한다고 그는 강조한다.

"《천로역정》에는 수많은 길이 나옵니다. 목적지를 향해 인내하며 걸어가는 길입니다. 탈진과 포기의 길, 환락의 길, 그릇된 길 등 수많은 길을 걸어야 목적지에 도달합니다. 주인공은 그 길을 걸어가면서 철저하게 자기부정을 합니다. 하나씩 하나씩 이겨 나갑니다. 어려울 때마다 인생길을 안내하는 목자를 만납니다. 아마도 그 길이 우리 크리스천들이 가는 길일 겁니다."

나의 달려갈 길을 다 마치고

인생이 무엇이냐는 질문에 이 목사는 한참을 골똘히 생각했다. "참 어려운 질문이네요."

그는 인생에 대한 대답 대신 자신이 가장 좋아하는 성경 구절인 디모데후서 4장 7절을 말해주었다. "나는 선한 싸움을 싸우고 나의 달려갈 길을 마치고 믿음을 지켰으니." 사도 바울의 유명한 고백이고 이 목사가 자신 있게 전하는 설교 본문이다. 그에게는 삶의 이정표와 같은 구절이다.

"나의 가는 길에 스스로 충실하고자 하는 것이 제 인생관입니다. 저에게 목회는 전부입니다. 목회가 끝나면 제 인생이 끝나도 좋습니다. 그 시간 동안 충실하게 부르심에 따라 순종해나가는 것, 그것이 이정익의 인생관입니다. 사도 바울의 고백이 바로 저의 고백입니다."

그는 40년 넘는 목회 기간 동안 한 번도 휴가를 가지 않았다. 안식년도 갖지 않았다. 요즘 세상에 휴가 한 번 가지 않고 사역했다고 하면 오히려 조롱을 받을 수도 있다. 자랑할 만한 거리도 아니다.

"솔직히 휴가를 떠나 충전도 해야 한다고 생각했지만 잘 되지 않았습니다. 교회 일로 해외에 나갈 기회가 꽤 있었습니다. 회사로 보면 출장을 간 것이지요. 출장을 갔다 왔는데 휴가까지 갈 수 없었습니다. 성도들 가운데 제대로 안식년을 갖는 사람들이 별로 없는데 목사 혼자만 안식년을 가질 수 없잖습니까? 안식년을 갖는 대신 더 많은 책을 읽자는 것이 평소의 생각이었습니다. 남들이 안식년을 보낸 만큼을 독서로 보충하자고 결심했지요. 제가 달려가야 할 그 길을 게으름 피우지 않고 충실히 달려가려 노력했습니다. 요즘 젊은 목회자들에게는 어리석게 보일 겁니다."

물론 그는 부목사나 교회 직원들은 제대로 휴가를 보낸다. 안식년도 가려고 했지만 교회 목회를 하다 1년을 쉰다는 것이 도저히 자신 없었다는, 무엇보다도 하나님 앞에서 부끄러울 것만 같았다는 그의 고백은 이 시대 목회자들이 음미해볼 만하다.

"그럼 목사님은 언제 쉬나요?"

"은퇴하고 나면 정말 쉴 겁니다. 완벽하게 쉴 겁니다. 은퇴 이후에 절대 어느 교회에서 설교 시켜주지 않는가 하면서 기웃거리지 않을 겁니다."

설교를 자랑하지 않는다

-

이동원

이동원

경기도 분당과 수지에 예배당이 있는 지구촌교회 담임 이동원 목사에게서선 나이와는 상관없는 청춘의 모습이 보인다. 사역 초기부터 '청년들을 사랑하는 목회를 하겠다'고 결심했기 때문인지 모른다. 올해로 40년째 목회를 하고 있는 이 목사는 30대 시절부터 명설교자로 알려져 왔다. 깊이 있는 콘텐츠에 탁월한 언어 구사, 감동 있는 예화 등으로 그는 설교자라면 가장 배우고 싶은 스승 중 한 명이다. 개척 14년 만에 대형교회로 성장한 지구촌교회는 최근 '불신자를 전도하는 교회로 쓰임 받는다'는 취지로 다른 교회 기존 성도들의 등록을 지양하겠다고 선언해 성장 위주의 한국교회 풍토에 신선한 반기를 들었다. 행위보다는 존재, 성과보다는 본질로 끊임없이 돌아가고자 하는 그의 목회관과 설교에 관한 이야기를 들어본다.

이동원

설교, 영원한 나의 고민

지구촌교회 이동원 목사의 서재에 들어서면 벽에 걸려 있는 두 개의 초상화가 금방 눈에 들어온다. 영국의 대설교가 찰스 스펄전 목사와 《천로역정》을 쓴 존 번연의 초상화이다. 스펄전 목사는 그가 가장 존경하는 목사요 멘토이다. 그로부터 십자가와 복음에 대한 순수한 열정을 배웠다. 《천로역정》을 통해서는 문학적 상상력을 키웠다. 이 목사의 풍부한 언어와 직관력, 상상력은 번연에게서 비롯되었다고 말할 수 있다. 처음 말씀을 전하는 사람들은 반드시 《천로역정》을 읽어야 한다고 그는 강조한다. 그 안의 수많은 인물들이 결국 우리 인생을 보여주기 때문이다.

이 목사는 균형감 있는 목회자이다. 산을 좋아하되 바다를 싫어하지 않을 것 같은 넉넉함이 그에게 있다. 그가 있는 곳에서는 항상 웃음꽃이 피어난다. 풍성한 대화가 있다. 참신한 정보가 있다. 새로운 시각을 얻을 수 있다.

그는 자타가 공인하는 한국교회의 대표적인 설교자 가운데 한 사람이다. 지난 시절부터 설교하면 이동원 목사였다. 깊이 있는 콘텐츠에 탁월한 언어 구사, 감동 있는 예화 등으로 이 목사는 설교자라면 가장 배우고 싶은 스승일 것이다. 30대 시절부터 명설교자로 인정받아왔다. 40년 목회 기간 동안 수없이 말씀을 전했다. 이제는 설교라면 자신감이 넘칠 만하다. 그러나 그는 말한다.

"저는 지금도 설교에 대해서 고민하고 있습니다. 설교하는 것은 언제나 두려운 일입니다. 늘 첫 설교를 준비하는 것처럼 떨리는 심정입니다. 진심입니다."

수십 년간 명설교자라는 소리를 들어온 이 목사는 요즘도 주일 설교를 준비하는 데 최소한 열 시간 이상 책상 앞에 앉아 성경 본문과 씨름을 한다.

설교자의 소명을 기억하라

"설교는 성경이라는 텍스트를 오늘의 상황으로 재해석하고 그것을 우리의 삶에 적용하는 메시지입니다. 설교에는 강해와 적용이 필수 요소입니다. 강해는 해석입니다. 과거 이야기들을 하는 것이지요. 중요한 점은 해석으로 끝나서는 안 된다는 것입니다. 이들 과거 이야기를 오늘의 상황에 적용하는 것이 중요합니다."

그는 설교자의 소명을 세 가지로 이야기한다.

"먼저 설교자는 잃어버린 영혼을 구원해야 합니다. 그 다음 구원받은 영혼들을 잘 양육해야 합니다. 세 번째가 중요한데, 구원받고 양육된 성도들이 하나님 나라의 백성으로 살아가게 도와줘야 합니다. 청중들이 말씀을 듣는 것으로 끝내지 않고 삶의 한복판에서 구체적으로 빛으로 살아가도록 인도하는 것이 설교자의 소명입니다. 이런 목적이 없는 설교는 단순한 스피치이고 설교문은 수필일 뿐입니다."

성도들이 하나님 뜻을 붙들고 오늘이라는 현실 속에서 잘 살아가도록 안내하는 설교가 좋은 설교라는 것이다. 문제는 균형이다. 설교는 텍스트(성경 본문)와 콘텍스트(상황) 간의 끊임없는 긴장과 대화이다. 이 긴장과 대화 속에서 설교가 탄생한다. 쉽게 말하면, 강단은 하늘과 땅이 만나는 곳이다. 땅을 위해서 하늘의 메시지를 전달하는 것이다. 그런데 가끔 하늘은 있는데 땅이 없고 땅은 있는데 하늘이 없는 설교를 하는 목회자들이 있다. 이런 목회자들은 다시 한 번 설교가 무엇인지 곰곰이 생각해야 한다.

설교자는 자기만의 독특한 스타일을 개발해야 한다고 그는 강조한다. 처음에는 모방도 하지만 결국 자신의 기질에 맞는 설교 방식을 만들어내야 한다. 사실 설교는 다를 뿐이지 어느 한 유형만 좋은 것이라고 말할 수 없다.

이 목사의 설교는 귀납법적 강해설교이다. 귀납법은 결론을 미리 말하지 않은 가운데 질문을 하고 답을 찾아 나가는 방식이다. 그가 귀납법적 강해설교를 하는 이유가 있다. 완전히 강해설교만 하다 보면 설교가 자칫 옛날이야기를 하는 것처럼 될 수 있기 때문이다. 설교는 2000년, 3000년 전의 이야기가 아니라 오늘의 이야기를 하는 것이다!

이 목사는 주일에 네 번에서 여섯 번 설교를 한다. 모든 목회자들과 마찬가지로 주일설교에 집중한다.

"수십 년간 설교를 해왔지만 설교 준비만큼은 철저히 합니다. 시리즈 설교를 즐겨하는데요, 한 편의 설교를 하기 석 달 전부터 그 내용에 관한 책들을 사서 독서를 합니다. 최소한 열 권의 책을 읽습니다. 주석은 다양한 종류를 봅니다. 그런데 월요일부터 수요일까지는 절대로 주석을 보지 않습니다. 오직 본문에 집중합니다. 본문과 함께 여러 번역들을 비교해 봅니다. 그렇게 하다 보면 설교의 틀이 완성됩니다. 핵심 아이디어가 무엇인지 나오는 것이지요. 그런 다음에 목요일부터 주석을 봅니다.

주석이나 남의 설교를 먼저 보면 카피하고 싶은 강력한 유혹이 옵니다. 목회 초기에는 저도 카피를 많이 했습니다. 그러다보니 제 설교를 못하겠더라고요. 그런 깨달음이 든 후에는 최소한 사흘은 본문을 가지고 씨름합니다. 물론 주일 설교를 한 시간 내에도 준비할 수 있습니다. 그러나 최소한 열 시간은 의도적으로 책상 앞에 앉아 본문과 씨름하는 시간을 갖겠다는 원칙을 30년 넘게 지켜오고 있습니다. 요즘 젊은 목회자들은 너무 쉽게 설교를 준비하는 것 같아서 안타깝습니다."

모방하더라도 제대로, 내 것으로 소화하라

이 목사는 특히 전달력이 강한 설교자로 알려져 있다. 설교자라면

서재에는 두 개의 커다란 초상화가 걸려 있다. 한 사람은 영국의 대설교가 찰스 스펄전, 또 한 사람은 《천로역정》의 저자 존 번연이다. 이동원 목사는 이들에게서 십자가와 복음의 정수를, 그리고 풍부한 언어와 상상력을 전수받았다.

누구나 이 목사와 같은 전달의 능력을 갖고 싶을 것이다. 그만의 특별한 전달 비법이 있는 것일까?

"언제나 성경의 이야기와 비슷한 현대의 이야기를 찾습니다. 이를 위해서 다양한 독서를 합니다. 설교자는 이 시대 사람들의 관심이 무엇인지 알아야 합니다. 설교의 대상인 이 시대 사람들의 언어와 상황들을 알아야 합니다. 설교의 언어와 현실의 언어가 다르면 설교자와 청중이 서로 이질감을 갖게 됩니다. 그래서 신문도 많이 읽습니다. 필요한 것은 스크랩해둡니다."

설교자는 이 시대 사람들의 관심을 알아야 한다고 그는 조언한다. 독일의 신학자 칼 바르트는 "한 손에는 신문을, 한 손에는 성경을"이라고 말했다. 설교자는 자신이 몸담고 있는 시대와 동떨어진 설교를 할 수 없다. 시대의 흐름을 읽는 것, 동시대를 살고 있는 청중들의 생각을 파악하는 것은 매우 중요하다.

설교 모방과 관련한 그의 조언은 넉넉하다.

"제 설교를 다른 목회자의 설교를 통해서 들었을 때의 그 미묘한 느낌이란…. 하긴 모방은 피할 수 없을지도 모릅니다. 처음부터 창조하기란 어려우니까요. 목회 초창기에는 저도 남의 설교를 모방했습니다. 한경직 목사님과 조용기 목사님을 연구하기도 했지요. 모방하려면 좋은 것을 모방해야 합니다. 그러나 너무 오래 모방해서는 안 됩니다. 모방을 빨리 벗어나야 합니다. 배울 것은 빨리 배우고 거기에서 벗어나 자기만의 설교를 창조해야 합니다."

남의 것을 모방하더라도 최소한 자기 것으로 소화하는 과정이 있어야 한다는 것이다. 자기 것으로 만들지 않은 설익은 모방이야말로 성도에 대한 무례이다. 생래적으로 전달력이 부족한 사람이 있다. 그런 사람들은 노력해서 부족한 점을 극복해야 한다. 제임스 케네디 목사는 어렸을 때부터 말을 더듬었다. 케네디 목사는 자신의 약점을 보완하기 위해서 천천히 정확히 말하는 연습을 했다. 시간이 지나면서 그는 놀라운 전달력을 지닌 설교자가 되었다. 이후 '천천히, 그러나 정확하게'는 케네디 목사의 독특한 설교 스타일이 되었다. 그러나 노력해도 안 되는 사람이 있게 마련이다. 그럴 때는 기능을 바꾸면 된다. 이 목사는 '전달'이 영 원활하지 않는 목회자는 담임목사가 되지 말고 부목사 등 돕는 목회자가 되어야 한다고 말한다.

이 목사는 설교문을 거의 외운다. 원고를 외우지 않고 보고 읽는다고 해서 나쁜 것은 아니다. 대부흥사인 조나단 에드워즈도 설교할 때 원고를 읽었지만 큰 부흥을 이루었다. 다만 이 목사의 전달 비결은 이렇다. '원고를 다 쓰고서도 원고가 없는 것처럼 설교하기.'

요즘 대형교회에는 담임 목회자의 설교 준비를 위해서 자료나 예화를 찾아주는 사람 또는 팀이 있다지만 이 목사는 홀로 설교 준비를 한다. 설교 준비는 도와줄 수 있는, 도움을 받을 수 있는 것이 아니다. 아무도 도와줄 수 없다. 설교 준비는 고독한 작업이기 때문이다.

그는 독서하는 목회자이다. 존경하는 찰스 스펄전 목사와 존 번연의 책들은 대부분 읽었다. 마틴 로이드 존스와 찰스 스윈돌, 워렌 위어스비 목사의 책들은 오랜 시간 동안 탐독했다. 아더 핑크와 척 스윈돌 목사의 책들에서 영감을 얻는다. 존스 목사는 모든 사람들이 따라하거나 소화하기는 쉽지 않다. 그만의 독특한 스타일이 있기 때문이다. 이 목사는 존스 목사의 저서들을 통해서 신학적으로 사고하는 데 부분적으로 도움을 받았다. 그러나 한국의 목회자들이 무조건 존스 목사를 따라하는 것은 반대한다. 신학적 사고는 좋지만 현실 적용 면에서 상당히 약하기 때문이다. 설교는 본문의 묵상과 함께 삶에 대한 적용이 중요하다는 것이 그의 지론이다. 우리의 정황, 우리의 현실, 우리의 이야기가 필요하다는 것이다.

요즘 설교자로는 미국 시카고 윌로크릭교회의 설교 목사 출신인 존 오트버그 목사를 좋아한다. 존 오트버그 목사는 설교와 관련해서 자주 언급되는 목회자이다. 세계적인 영성학자인 달라스 윌라드 박사와 미국 풀러신학교 총장인 리처드 마우 박사도 오트버그 목사의 설교를 강력히 추천하고 있다.

목회자는 고유의 부르심을 받아야 하지만 먼저 지극히 평범한 생활인과 상식적인 사람이 되어야 한다는 것이 이 목사의 지론이다. 목회자는 잃어버린 영혼을 구원하는 사명이 있어야 하고, 구원 받은 영혼들을 잘 양육해야 하며, 또한 그들이 하나님 나라의 백성답게 살도록 도와야 한다.

오늘 양들과 함께하는 이 순간이 소중하다

40여 년의 목회 현장을 통해 체득한 이 목사의 목회관은 의외로 소박하다. 그에게 있어 목회란 '목자인 내가 양들과 더불어 사는 것'이다.

"더불어 사는 것이 중요합니다. 릭 워렌 목사의 목적이 이끄는 삶도 중요하지만 목적만 중요한 것이 아니라 목적을 찾아가는 순간들도 의미 있다는 사실을 깨달아야 합니다. 10년 후의 목표보다 오늘 양들과 함께 사는 이 순간이 더 중요하다는 것이지요. '오늘 죽어도 행복하다'는 고백을 할 수 있는 것, 그것이 영성 있는 크리스천들의 삶입니다."

그는 양들과 더불어 사는 목자 된 목회자의 리더 역할을 중요하게 생각한다.

"목회자는 주님의 양들을 이끌어가는 작은 목자로서 리더입니다. 목회자의 정체성 가운데 리더로서의 정체성이 가장 중요합니다. '주의 종'이란 말을 자주 쓰지만 이는 적합하지 않습니다. 평신도도 종이지 않습니까? 목사는 공동체에서 양들을 위탁받은 영적 리더입니다. 그 밖의 정의는 위험하다고 할 수 있지요. 지금 시대에 리더로서의 참된 목회자를 찾아보기 쉽지 않습니다. 정체성을 찾지 못하고 리더 자리에 앉아서 방황하는 목사가 적지 않습니다."

목회자는 고유의 부르심을 받아야 하지만 먼저 지극히 평범한 생활인과 상식적인 사람이 되어야 한다는 것이 그의 지론이다. 먼저 목회자는 잃어버린 영혼을 구원하는 사명이 있어야 한다. 그 다음 그 구원받은 영혼들을 잘 양육해야 한다. 또한 그들이 하나님 나라의 백성답게 이 땅 위에서 잘 살아가게 도와야 한다. 이 세 번째가 목회에 중요한데 우리의 삶 한가운데서 구체적으로 빛이 될 수 있는 사람으로 살도록 해야 한다는 이야기다. 행위보다는 존재 자체가 중요하다. 자꾸 '무엇을 하는가' 라는 기능적인 측면으로 풀면 안 된다는 것이 그가 목회를 해오면서 터득한 지혜이다.

그래서 이 목사는 선교사로 나가는 사람들에게 자주 말한다. "선교사 일을 특별히 생각하지 마십시오. 더불어 사는 것입니다. 여기서 사는 크리스천의 삶을 다른 문화권에서 사는 것입니다. 여기서 살면서 전도하던 사람이 장소만 타 문화권으로 옮겨서 똑같이 사는 게 선교입니다. 땅 끝, 땅 끝 하는데 땅 끝은 바로 우리가 사는 이 세상입니다."

자신을 포함해서 한국의 목회자는 너무나 바쁘다고 이 목사는 개탄한다. 너무 바쁘게 쫓겨 다니다 보니 스케줄을 관리하는 데만도 허덕거린다. 그런 과정을 겪다 보면 관점과 시각을 상실해버리기 쉽다. 균형보다는 불균형 상태에 더 익숙해진다.

"이렇게 살면 안 되겠다고 생각했습니다. 너무 바쁘게 시간을 때우며 돌아다니면 안 되겠다고 다짐했지요. 여유를 갖고 나를 돌아보기로 했습니다. 신앙에서 제일 중요한 것은 나와 하나님 사이의 관계입니다. 하나님과 나의 관계가 제대로 된다면 신앙생활은 물론 목회도 제대로 됩니다. 그렇지 않으면 목회자는 설교하고 심방하고 교육하는 기능을 감당하는 기능인으로 전락하게 됩니다. 한국교회 목회자 치고 열심히 일하지 않는 분은 없습니다. 그러나 바쁜 것은 위험합니다. 한국교회에 수많은 역기능적인 현상들이 일어나는 원인이 여기에 있지 않겠습니까?"

그는 한국교회가 지금의 침체를 극복하고 부흥하는 열쇠를 하나님 앞에 바로 서는 것, 하나님의 임재를 경험하는 것에서 찾는다.

"하나님의 임재를 경험한다면 한국교회는 지금의 침체를 두려워할 필요가 없습니다. 과거 기독교 역사에서도 침체와 부흥은 거듭되었지요. 하나님 백성이 하나님의 얼굴을 구하며 회개만 한다면 하나님은 역사의 때에 놀라운 부흥을 부어주실 것입니다. 문제는 하나님 앞에 바로 서는 것입니다. 교회와 목회자들은 굳이 숫자에 매달려 고민을 할 필요가 없습니다. 주위를 돌아볼 필요 없이 한 사람이 바로 서려고 애쓰고 부흥을 갈망하며 회개한다면 기적 같은 부흥이 찾아온다는 점을 기억해야 합니다."

목회자와 인격 그리고 관계

목회자가 되기 위해서는 여러 가지가 구비되어야 한다. 무엇보다도 목회자가 온전하고 건강한 인격을 가져야 한다고 그는 강조한다. 목회자가 될 사람의 내면에 깊은 상처가 있다면 목회에 들어가기 전에 먼저 치유받아야 한다. 목회자가 내면의 깊은 상처를 치유하지 않고 목회의 장에 들어가면 교회에 심각한 역기능적인 영향을 끼칠 수밖에 없다. 먼저 본인이 치유되어야 한다. 좋은 치유 프로그램에 참가해 상처를 아물게 해야 한다.

인격적인 균형은 목회자의 안전판이다. 한 목회자가 인격적으로 균형감을 가지고 있으면 최소한 결정적인 실수는 하지 않게 된다. 성자가 되거나 예수님을 닮은 높은 수준의 인격을 소유하기에 앞서 결정적인 실수만이라도 안할 수 있도록 자신을 관리하는 것이 선행되어야 한다. 그것이 제일 중요하다.

"목회 현장에서 보면 자신을 관리할 수 없는 약점을 지닌 목회자들이 의외로 많이 있습니다. 육신적 혹은 정신적 병을 지닌 분들도 있습니다. 그런 분들은 병을 지녔다는 사실을 인정하고 치료를 받아야 합니다."

목회자가 될 사람들은 신학적인 기본 소양이 튼튼해야 한다는 것이 그의 지론이다. 또한 상식적인 사람이 되기 위해서 독서를 많이 해야 한다고 조언한다.

"한국교회 목회자들은 책을 너무 읽지 않는 경향이 있습니다. 모두가 전문가가 될 필요는 없지만 여러 유형의 교인을 섬겨야 하는 목회자들은 기본적으로 교인들과 말이 통해야지요. 그러려면 풍부한 독서를 해야 합니다."

이 목사가 목회자 후보생들에게 늘 강조하는 사항은 또한 영성을 지니는 것이다. 하나님과 개인적으로 얼마나 깊은 친밀감을 갖고 깊이 교제하느냐에 따라서 목회자나 성도의 영성이 결정된다. 영성의 깊이만큼 목회의 깊이가 결정된다고 그는 믿는다.

그에게 목회는 축복이다. 목회를 통해서 자신이 먼저 살았다. 목회를 통해 인생의 존재 의미를 경험할 수 있었다. 목회자로 매일 하나님께 쓰임받는다는 사실에 감격한다. 목회의 장을 통해서 수많

"더불어 사는 것이 중요합니다. 목적이 이끄는 삶이 중요하지만 목적만 중요한 것이 아니라 목적을 찾아가는 순간들도 의미가 있습니다. 목자로서 10년 후의 목표보다 오늘 양들과 함께 사는 이 순간이 더 중요하다는 것이지요."

은 보배롭고 존귀한 하나님의 사람들과 만났다. 그 만남은 목회의 가장 큰 의미 가운데 하나이다.

목회를 하면서 다른 사람과 갈등을 빚을 경우 그는 자기 자신부터 돌아보고자 했다고 한다.

"저 자신을 돌아봤지요. 반성했고요. 다른 사람에게 불만이 생길 경우에는 하나님 앞에서 실수투성이인 저를 생각했습니다. 자신을 돌아보면 상대방에게 관용의 자세를 보일 수 있습니다. 저라고 왜 본능적으로 감정에 치우칠 때가 없겠습니까? 상대방에게 미움이 생길 때가 있지요. 그럴 때면 바로 나 자신을 살펴봅니다. 나를 보면 상대방에 대한 부정적 감정이 해소됩니다. 그러면 상대방을 끌어안을 수 있습니다. 이해하고 용납하며 양보하다 보면 상황이 돌이킬 수 없는 큰 위기로 확산되지 않습니다. 지난 시절을 되돌아보면 목회하면서 별로 싸워보지 않았던 것 같습니다. 목회에서 가장 큰 부담은 타인이 아니라 바로 나 자신입니다. 마땅히 되어야 할 만큼 되지 못한 나 자신이 가장 큰 고민거리입니다."

긴 시절 목회를 하면서 이 목사 역시 비전이 아니라 야망을 가지게 되는 경우는 없었을까?

"인간에게 야망이 없다면 무슨 성취가 있었겠습니까? 야망 자체를 정죄해서는 안 되지요. 야망의 불꽃이 역사를 발전시킵니다. 문화를 꽃피우고 하나님 역사를 진보하게 만드는 동력은 열정입니다. 그런데 어느 시점에 가서는 자기 야망에 경계선을 그어야 합니다. 야망을 갖고 있는 내가 전능자가 아니라는 생각을 해야 합니다. 경계선 긋기에 실패하는 순간, 야망은 욕망이 됩니다. 그것도 추한 욕망이 됩니다. 그러나 경계선만 제대로 긋는다면 야망은 건강한 비전이 됩니다. 크리스천들은 선한 목적을 갖고 풍성한 결과를 기대하며 도전해야 합니다. 그러나 동시에 가던 길을 멈추고 욕망으로 변질되는 야망에 경계선을 그어야 합니다. 브레이크를 채워야 합니다. 목회자들은 특히 자기 은사대로 사역할 수 있어야 합니다. 다른 교회가 하고 있기 때문에 하는 것이 아니라 각자의 교회에게만 주시는 하나님의 특별한 사명을 깨닫고 그 사명대로 나가야 합니다. 삶은 자기와의 싸움입니다. 경계선 긋기입니다."

교육목회에서 셀목회로

목회 초창기에 그는 교육목회에 치중했다. 이는 개인의 경험에서 비롯되었다. 수원이 고향인 이 목사는 믿는 가정에서 태어나지 않았다. 그는 집안에서 첫 번째로 예수를 믿은 사람이다. 해방둥이인 그는 20대 초에 영어를 배우려 미국 선교사를 따라다녔다. 십대선교회(YFC) 활동을 하면서 교회에 출석했다. 그는 갈라디아서를 공부하며 복음을 받아들였다. 갈라디아서를 통해서 복음이 도덕과는 전혀 다르다는 것을 깨달았다. 율법과 은혜의 차이를 느끼게 되었다. 성경을 통해서 그가 발견한 사실은 기독교는 종교가 아니라는 점이었다. 기독교는 은혜의 복음이었다. 종교에서 탈출해야 참 하나님을 만날 수 있었다.

그가 단순한 교회 출석자에서 참다운 신앙인이 되기까지 3년이 걸렸다. 교회에서 복음에 대해 제대로 가르치지 않고 있다고 생각했다. 제대로 가르쳐보고 싶었다. 교회에서 학교식 교육을 실시해야겠다고 다짐했다. 정확한 커리큘럼을 만들어 교인들을 평생 교육시켜 그들로 하여금 무엇을 믿고 살아야 하는지 가르치는 목회를 하겠다고 생각했고 그렇게 목회를 해왔다.

본래 그는 목사가 될 생각이 없었다. 학생운동에 헌신하고 싶은 마음만 있었다. 그런데 학생들과 함께 생활하다 보니 점차 성경과 신학에 대한 관심이 많아지게 되면서 좀 더 스스로를 준비해야겠다는 생각으로 유학을 갔다. 에베소서, 골로새서 등 바울의 옥중서신을 공부하면서 교회가 중요하다는 사실을 깨달았다. 그리스도의 몸으로서 교회가 하나님의 마음에 있는 가장 중요한 공동체라는 것을 알게 되었다. 신학 공부 도중 마음의 변화가 찾아와 그는 목사가 되겠다고 결심했다. 젊은이들을 사랑하는 목사, 교육을 중시하는 목사가 되겠다고 생각했다.

교육목회를 추구한 동기 가운데 하나는 균형 잡힌 교육이 없으면 신앙의 균형이 무너지기 때문이었다. 교육목회를 통해서 그가 추구한 목회 정신은 균형이었다. 교회생활과 가정생활의 균형, 내면에 대한 관심과 외적 관심에 대한 균형 등 균형의 관점에서 목회를 풀어보고자 했다. 실제로 지구촌교회의 비전에는 균형목회라는 말이 나온다. 그는 목회 초창기부터 '교회에서만 열심히 살지 말고 집과 직장에서 더 열심히 살아야 한다'고 말했다. 지금은 상식적인 이야기지만 과거에는 교회 내에서 내놓고 하기가 힘든 말이었다.

그러나 귀국 후 지구촌교회를 개척하면서 교육목회에도 한계가 있음을 깨닫게 되었다. 교육목회를 해도 생각만큼 사람들이 변하지 않았다. 이 같은 고민 속에서 시작한 것이 셀 목회였다. 교육목회를 포기하지 않았지만 인지적 교육만으로는 한계가 있다고 생각했다. 사람들은 공동체에서 삶을 나눌 때 변한다는 사실을 깨닫고 본격적인 셀 목회 사역을 펼쳤다. 셀 목회에 전념하면서 실제로 교인들 사이에서 많은 변화가 일어났다.

요즘 가정생활세미나들이 도처에서 열리고 있다. 이 목사야말로 한국 최초의 가정사역자로 기록될 수 있을 것이다. 신학을 공부하기 위해 미국으로 유학 가서 그가 충격을 받은 것은 미국의 목회자들이 가정생활에 대한 이야기를 많이 한다는 것이었다. 미국에서 유학하고 돌아온 1975년에 시무하던 서울침례교회에서 바인더를 만들어 가정의 삶을 가르쳤다. 각 교회 중심으로 이 목사를 초청해서 가정사역 세미나를 열었다. 6년 연속 유관순 기념관에서 새생활 세미나를 인도하기도 했다. 당시에 처음으로 열린 대규모 기독교 세미나였다. 그렇게 4, 5년이 지나자 가정사역에 관심을 둔 사람들이 생겼다. 그 모습을 보고 이 목사는 자신은 목회에 전념하겠다는 생각으로 그 영역을 떠났다.

비움과 버림, 그리고 관상기도

이동원 목사는 지금 관상기도에 푹 빠져 있다. 관상기도로 목회의 후반부를 정리하고 있는 듯하다. 관상기도는 하나님을 집중적으로

올해로 목회 40년째, 이제는 무엇을 설교하는가도 중요하지만 하나님 앞에서 어떤 존재로 살아가는지가 더 의미 있다. 이 목사는 지금 관상기도에 푹 빠져 있다. '주시옵소서'의 기도가 아니라 버림의 기도, 포기의 기도이다. 주님 안에서 참된 안식을 누리며 하나님 자체로 만족하는 법을 배우고 있다.

바라보는 '바라봄의 기도'이다. 하나님을 바라보는 마음의 기도이다. 관상기도는 사실 가톨릭적인 전통에 따른 기도 형태이다. 하지만 이 목사는 종교개혁 이전에는 가톨릭과 개신교의 구분이 무의미했기 때문에 관상기도를 굳이 가톨릭의 기도라고 할 필요는 없다고 한다.

"이제 발버둥치지 않습니다. 목회를 잘해야겠다는 생각도 사라졌습니다. 더 이상 원하는 것이 없어졌습니다. 관상기도를 하면서 목회에 여유가 생겼지요. 아내에게 고백합니다. 나는 지금 은퇴해도 행복하다고요. 관상기도하면서 살면 되지, 하나님 만나고 살면 되지 더 이상 무엇을 바라겠느냐고요. 제 유일한 욕심은 이런 기쁨을 후배들과 나누며 사는 것입니다."

그는 왜 관상기도의 세계로 들어갔을까? 그는 바쁜 목회 가운데 늘 기도가 부족하다고 느꼈다. 기도에 대한 갈증 때문에 참된 기도를 찾다가 관상기도를 발견했다. 중보기도가 영적 전쟁과 같다면 관상기도는 영적 안식이다. 사람이 전쟁만 할 수 없고 쉼이 필요하듯 기도에도 하나님 안에서 안식이 필요하다는 것이다.

"통성기도를 많이 하는 한국교회는 관상기도를 통해 기도의 균형을 이룰 수 있습니다. 하나님을 깊이 만나기 위해서는 영혼의 고요함과 깊은 침묵이 필요하지요. 한국 기독교가 기도를 통한 안식을 제공하지 못하면 비신자들은 '기독교는 시끄러운 종교'라는 생각만 하게 될 겁니다. 우리는 기독교회 역사 속의 풍부한 기도 유산을 다시 찾아야 합니다."

관상기도는 '주시옵소서'의 기도가 아니라 버림의 기도, 포기의 기도이다. 구해서 얻는 기도를 결코 부정하지 않지만 포기할 때는 포기할 줄 알아야 하는 것이다. 주님 안에서 참된 안식을 누리며 하나님 자체로 만족할 줄 아는 것, 그것이 바로 관상기도의 정수이다. 이 목사에 따르면 성경적 영성에는 하나님을 닮아가며 인격적으로 성숙하는 것과 하나님의 임재 안에서 하나님과 만나는 두 가지 측면이 있다.

"웨스트민스터 신앙고백에 '인생의 목적은 하나님을 영화롭게 하고 하나님을 즐거워하는 것'이라고 나와 있습니다. 그러나 우리는 그동안 그분을 영화롭게 하기 위해 무엇을 할 것인가만 강조했지요. '하나님을 즐거워하며 그 안에서 안식하는 것'은 상대적으로 간과했습니다."

그는 올해로 목회 40년째, 담임목사로서 33년째 목회를 하고 있다. 지구촌교회는 침례교로서는 드물게 우리나라에서 대형교회가 되었다. 개척하고 처음 15년은 성취 지향적이었다. 무엇보다 설교가 가장 중요했다. 야망도 적지 않았다. 그러나 관상기도를 하면서 인생관과 목회관이 달라졌다. 이제는 무엇을 설교하는가도 중요하지만 그보다 더 의미 있는 사실이 있다. 바로 하나님 앞에서 어떤 존재로 살아가야 하는가 하는 점이다. 이제 하나님과 대화하고 하나님의 임재를 체험하는 삶에서 더 많은 행복을 찾는다. 목회 전반기에는 설교로 고민했다면 이제 후반기에는 기도를 찾고 있다.

이 목사에게선 이제 '버림', '비움', '하나님과의 연합'과 같은 단어가 자주 나온다. 목회적 야망을 버리고 본질에 충실하려는 듯 하나님의 임재를 추구하는 모습을 통해 평화로움을 느낄 수 있다.

처음처럼

그는 성공이란 단어를 좋아하지 않는다. 그에게 성공은 성숙이다. 성공보다는 성숙이 성경적 단어라고 생각한다. 목회자로서 성공이란 주 안에서 성숙해지고 교인들도 함께 성숙해가는 것이다. 교인 수가 늘어나고 재정이 풍부하게 되는 것이 아니다. 하나님 나라의 백성으로 끊임없이 성숙해가는 것이 성공이다. 그는 목회의 초점을 성숙에 두고 있다. 목회자와 성도들이 깊이 사랑하는 관계 속에 거하는 것이 성숙이다.

성공적인 신앙생활의 관건은 '무엇을 하느냐' 보다도 '무엇이 되느냐' 에 있다. 교회의 구성원들이 성숙한 사역자와 크리스천이 된다면 공동체에 생명력과 은혜, 사랑이 흘러넘치게 될 것이다. 그러면 교회는 자연스럽게 성장해 나간다.

그는 자연적교회성장NCD 을 추구한다. 영어 '내추럴Natural' 이라는 단어를 좋아한다. 교회 성장은 인위적인 것이 아니라 자연적으로 이뤄져야 한다는 주장이다. 억지로 끌어 모아서 될 시기는 지났다. 교회 내 성도들이 크리스천다운 삶을 신실하게 사는 것이 중요하다. 성도들이 자연스럽게 이웃들에게 주님 안에서의 삶의 영광과 축복을 나누다 보면 그것이 전도라는 결실로 나타날 수밖에 없다고 그는 생각한다.

그는 성공의 참된 의미가 무엇인지 늘 생각한다. 그러다 보니 곁가지로 흐르지 않는다. 교회 내 핵심 멤버들이 떠나지 않는다. 그들은 목회 성공의 도구가 아니라 함께 성숙해가는 믿음의 길벗이기 때문이다.

한국교회의 위기는 강단의 위기라는 목소리가 높다. 강단의 위기를 타개하기 위해서 그는 이렇게 해법을 제시한다.

"위기 탈출을 위해서 두 가지를 해야 합니다. 먼저 성령의 기름 부으심을 위해서 기도해야 합니다. 설교자나 설교는 항상 완전하지 않습니다. 늘 오류가 있습니다. 하나님이 설교를 사용하신 이유는 설교자 때문이 아니라 성령의 기름 부으심 때문입니다. 한국 목회자들은 너무 바쁩니다. 모든 문제가 여기서 나옵니다. 바쁘다 보니 성경 본문과 씨름할 시간도, 성령의 기름 부으심을 위해서 기도할 시간도 없습니다. 저는 토요일 12시까지 설교 준비를 끝내고 나머지는 기도하는 데 시간을 사용합니다. 토요일에는 교회에서 하는 결혼식 외에는 일절 약속을 잡지 않습니다. 준비한 설교를 충분히 소화하고 성령이 임재하도록 기도합니다.

강단의 위기를 타개하기 위해서는 또한 설교자들이 진지하게 고민해야 합니다. 설교를 결코 쉽게 생각해서는 안 됩니다. 아마추어의 심정으로 철저히 고민해야 합니다. 늘 처음처럼 최선을 다해야 합니다."

늘 처음처럼 최선을 다하는 것, 설교의 달인이지만 설교에 고민하는 것, 목회 전문가이지만 두렵고 떨리는 마음으로 초심을 갖는 것, 이것이 '설교의 달인'이면서 더 이상 설교를 자랑하지 않고 비움과 버림의 목회를 펼치는 이 목사에게서 배울 수 있는 귀한 교훈이다.

빈손으로 시작해 빈손으로 갑니다

―

하용조

하용조

1974년 연예인교회를 시작으로 온누리교회와 두란노서원, 위성선교방송 CGN TV, 한동대와 전주대를 비롯한 학원사역 등 일일이 열거하기 힘들 만큼 굵직한 사역을 해온 온누리교회 하용조 목사. 특히 온누리교회는 지난 23년간 평신도 선교와 제자양육, 찬양운동, 기독교 문화 사역 등에서 모델이 되는 대형교회로 성장했다. 창의적인 열정으로 지칠 줄 모르는 기관차처럼 달려온 그는 사실 평생 당뇨와 고혈압, 결핵으로 고통받고 최근에는 일곱 번째 간암 수술을 받은 '중환자'이다. 그럼에도 몸의 고통은 그를 주저앉히기는커녕 더 깊은 영성과 높은 도전으로 그를 이끌고 있다. "설교 준비는 언제나 고통스러웠지만 그 설교가 나를 살렸다"고 고백하는 그가 고통 속에서 발견한 설교와 인생에 관한 통찰 어린 이야기들을 들어본다.

하용조

"설교가 나를 살렸어요"

"설교가 저를 살렸습니다. 지난 시절 설교를 하지 않았다면 저는 분명히 오래 전에 이 세상을 떠났을 겁니다. 설교 준비는 언제나 고통스러웠지만 그 설교가 나를 살렸습니다. 매주일 저는 새롭게 살아났습니다. 주일 설교를 하면서 새 힘을 얻었지요. 인생길 고비마다 설교가 제게 힘을 줬습니다. 생각해보면 저는 성도들에게 설교하지 않았습니다. 저 자신에게 설교했지요. 그 설교로 저는 살아갈 목표를 발견할 수 있었습니다.

수술 후에 요양하고 있는데 옥한흠 목사님이 문병을 오셨습니다. '하 목사, 이제 제발 설교 그만해. 목회도 내려놓아'라고 말하시더군요. 그래서 '형님, 일찍 은퇴하니 좋습디까?' 했지요. 그러자 '죽을 맛이야'라고 대답하시더군요. 계속 이야기 했지요. '형님, 나는 살기 위해서 설교해요. 내가 살려고요. 나보고 설교하지 말라는 것은 이제 그만 죽으라고 하는 말과 같아요. 나는 죽는 순간까지 설교할 겁니다. 목회도 절대 포기 못합니다.' 그렇습니다. 저는 온누리교회를 은퇴하면 작은 교회에 가서라도 설교를 할 겁니다. 하나님 말씀을 붙잡을 때면 힘이 납니다. 비전이 있으면 죽지 않습니다. 이룰 목표가 있으면 절대 죽지 않습니다. 그래서 저는 강단에서 쓰러져 죽더라도 설교하다 죽을 겁니다."

2008년 7월 19일 오전, 서울 신촌 세브란스병원 신장투석실. 온누리교회 하용조 목사의 이야기는 사뭇 비장했다.

2개월 전 그는 신장과 간 이식을 위해서 열 시간 동안 수술을 받았다. 그러나 간에서 예기치 못한 암 덩어리가 발견되어 결국 이식은 받지 못했다. 암 세포만 제거했다. 그 사이 하 목사가 이번에는 회생하지 못할 것이라는 소문이 한국교계에 돌았다. 온누리교회가 이제는 후계자를 선정해야 한다는 소리도 들렸다. 7월 중순 시카고에서 열린 코스타 집회에서 홍정길 목사(남서울은혜교회)는 강사들에게 "고통 가운데 있는 하 목사를 위해서 기도합시다" 하고 긴급 기도회를 인도하기도 했다. 평생을 당뇨와 고혈압, 결핵 등으로 고통받았던 그는 이미 간암으로 여섯 차례 수술을 받았고 이번이 일곱 번째 대수술이었다.

그러나 이날 투석을 받고 있는 그는 평온해보였다. 배에 난 수술 자국을 보여주며 미소를 짓기까지 했다. 그는 7월 29일 일본 요코하마에서 열리는 러브소나타 집회에 갈 것이라고 말했다. 모두가 그의 일본행을 반대했지만 결국 그의 고집을 꺾지 못했다.

일사각오—死覺悟, 그것은 요즘 하 목사를 설명하는 키워드다.

끝없는 도전으로의 도전

2006년 10월 11일 서울 양재동 온누리교회에서 열린 '끝없는 도전으로의 도전' 이라는 사역 축제에서도 그는 동일한 설교를 했다. 비장함이 물씬 풍기는 인상적인 설교였다.

"지금 죽는다면 여러분이 땅에 남길 수 있는 것은 무엇입니까? 지금 여러분의 삶 속에 어떤 장애물이 있더라도 뚫고 들어가 목숨 바쳐 이뤄야 할 그 무엇이 있습니까? 크리스천들은 주님의 비전을 향해 끝없는 도전을 해나가야 합니다. 지금 여러분에게는 평생 대가를 지불하고, 죽음을 통과하고, 수치를 당하면서도 끝까지 쥐고 노래 부르며 전진할 수 있는 것이 있습니까?

제 몸은 만신창이의 상태입니다. 일을 할 수 있는 건강 상태가 아니고 또 때로 쉬고 싶을 때도 있지만, 저는 주님이 주신 비전을 이루기 위해 아픈 것과 상관없이 일하기로 했습니다. 어떤 질병도 제 가슴 속에 타오르는 열정을 막을 수는 없습니다. 제 평생 두 가지 과업은 사도행전적 교회를 만드는 것과 땅 끝까지 복음을 전하는 것입니다. 교회와 복음 전도는 제 삶의 전부입니다. 제 인생의 승부수입니다. 저는 이것을 무덤까지 가지고 가겠습니다. 이것을 제 건강, 제 인생과 바꾼다 하더라도 후회하지 않을 것입니다. 주님이 피로 값 주고 사신 교회를 위해선 제 생명을 다 바쳐도 아깝지 않습니다. 이 지구상 한 사람이라도 더 예수 그리스도를 믿게 할 수만 있다면 어떤 대가를 치러도 후회하지 않습니다.

예수님이 십자가의 대가를 치르고 만든 것이 바로 교회입니다.

예수님의 몸 자체인 교회는 이 세상의 유일한 희망이며 대안입니다. 지상의 유일한 교회의 모델은 사도행전 2장에 나와 있는 '바로 그 교회' 입니다. 우리 모든 크리스천들은 사도행전적 비전을 갖고 사도행전적 교회를 만들기 위해 헌신해야 합니다.

크리스천들은 어떤 상황 속에서도 좌절하지 않습니다. 노아와 아브라함, 이삭, 야곱 등 하나님의 사람이 가진 특징은 포기하지 않는 것입니다. 하나님의 사람은 죽어서도 사명을 완수합니다. 하나님을 만난 사람은 포기할 수 없는 영적 에너지가 생깁니다. 삶을 던집니다. 생명과 바꿀 수 없는 비전은 참된 비전이 아닙니다. 내 수준으로는 할 수 없어 하나님의 능력을 의지할 수밖에 없는 것이 비전입니다."

말씀에 대한 확고한 신념을 가져라

하 목사는 명설교자의 반열에 드는 목회자이다. 한국교회사학연구원은 2005년에 그를 한국교회 10대 설교가 가운데 한 명으로 선정했다. 그에게 설교는 다름 아닌 '하나님의 생각을 사람들에게 전해주는 행위' 이다.

"설교는 목사뿐 아니라 누구나 할 수 있는 것입니다. 하나님의 생각을 그저 전해주는 것이니까요. 평신도도 얼마든지 설교할 수 있습니다. 단지 아마추어와 프로의 차이가 있을 뿐입니다. 바른 설교는 설교자가 자신의 말을 전하지 않고 하나님의 말을 전하는 것

"요즘은 설교 외에도 사람들이 들을 것들이 너무 많습니다. 그러다보니 설교의 소중함을 깨닫기가 점점 힘이 듭니다. 이럴수록 목회자들은 하나님 말씀을 끝까지 붙들고 말씀으로 승부를 보려는 강한 의지를 가져야 합니다."

입니다. 설교자가 열정을 가지고 자신의 생각과 이론을 전하는 것은 설교가 아닙니다. 강연입니다. 설교자는 철저히 자신이 하나님의 대리인이라는 사실을 명심해야 합니다."

그럼 하나님의 생각을 바르게 전하기 위해서는 어떻게 해야 하는가? 이에 대한 하 목사의 생각은 뚜렷하다.

"하나님의 뜻을 정확히 알아야 합니다. 기도와 자기 성찰을 통해서 하나님의 뜻을 알 수 있습니다. 설교자는 끊임없이 회개하면서 자신을 돌아봐야 합니다. 더불어 설교를 듣는 사람들을 정확하게 이해해야 합니다. 공급자 중심의 시각이 아니라 수용자들의 필요를 생각해야 합니다. 이를 위해서는 문화에 적응할 줄 알아야 합니다. 인간을 이해해야 하는 것이지요. 많은 설교자들이 수용자인 대중, 즉 인간들을 너무나 단편적으로 이해하고 있습니다. 자신이 단편적으로 이해하고 있는 것이 전부라고 생각하는 한 하나님의 말씀을 제대로 전할 수 없습니다.

이렇듯 수용자 중심의 사고를 해야 하지만 간과해서는 안 될 사항이 있습니다. 설교자는 반드시 할 말을 해야 한다는 것입니다. 대중이 원하는 말이 아니라 대중에게 필요한 메시지를 전해야 합니다. 하나님의 생각은 우리 인간의 생각과는 다를 때가 많이 있다는 사실을 명심해야 합니다. 지금 한국교회의 강단을 보면 청중이 원하는 메시지만 전하고 있다는 느낌입니다. 한국교회 강단이 처한 위기의 본질이 여기에 있습니다."

하 목사는 설교의 위기는 곧 설교자의 위기라며 설교자가 그 어느 때보다 지금 말씀에 대한 확고한 신념을 가질 것을 촉구한다.

"설교자가 말씀에 대해 확고한 신념을 갖지 못하면 무슨 말을 하더라도 아무 소용이 없습니다. 요즘은 설교 외에도 사람들에게 들을 것들이 너무 많습니다. 그러다 보니 설교의 소중함을 깨닫기가 점점 힘이 듭니다. 이럴수록 목회자들은 하나님 말씀을 끝까지 붙들고 말씀으로 승부를 보려는 강한 의지를 가져야 합니다. 일사각오의 정신이 중요합니다. 목회자들은 죽을 각오로 설교를 준비하고, 이번 기회가 아니면 전할 시간이 없다는 시급성을 갖고 설교를 전해야 합니다. 명심하십시오. 설교자가 살면 한국교회가 삽니다."

치료하고 싸매주는 설교자이고 싶다

하 목사는 자신은 결코 타고난 설교자가 아니라고 강조한다.

"어떻게 제가 타고난 설교자라고 자부할 수 있겠습니까? 그러나 저는 설교를 즐깁니다. 강단에 서면 힘이 납니다. 신비합니다. 그런 면에서 보면 타고난 설교자라고 할 수 있겠지요."

설교 형태로 보면 하 목사는 큐티식 강해설교를 하고 있다. 큐티식 강해설교는 설교를 이미지화해서 전달하는 것이다. 주로 스토리텔링 기법을 사용한다. 하 목사의 설교를 듣는 사람들은 머릿속에 그림을 그릴 수 있다. 그저 스토리를 이야기하는 것이 아니라 픽처 랭귀지picture language, 즉 그림 언어를 많이 사용한다. 그러다 보면 설교가 웅변하거나 설득하는 게 아니라 호소하는 분위기가 된다. 그는 용어를 사용할 때 되도록이면 자극적이고 비판적인 내

아프면서, 특히 간암으로 수술을 여러 차례 받은 이후 하 목사는 설교가 달라졌다. 명확해졌다. 군더더기가 없어졌다. 단순해졌다. 피 묻은 복음을 전하는 데 사족을 달 필요가 없다는 것이다. 단순한 복음을 단순하게 전하면 된다.

용을 선택하지 않으려 노력한다.

사실 설득을 하려다 보면 모든 사람들의 상황을 이해하면서 나가기 때문에 예언자적인 설교, 시대를 역류하며 새 시대를 이끄는 설교를 하기는 상대적으로 힘들게 마련이다. 이에 하 목사는 자신에게는 자신만이 가는 설교의 길이 있다고 말한다.

"설교자마다 스타일이 있습니다. 저는 예언자적 소리는 많이 하지 않습니다. 치유와 회복에 대한 이야기를 주로 합니다. 야단을 친다고 사람이 변하는 것은 아닙니다. 설교자의 삶을 통해 드러나는 진정성이 깃든 말로 인해 변하는 것이지요. 예언자적인 설교를 하는 분들도 많이 계십니다. 필요하지요. 모두 은사라고 생각합니다. 비판할 사람들은 열심히 비판하고, 치료하고 싸매주어야 할 사람들은 그렇게 해야 합니다. 저는 수술한 것을 싸매는 사람이 되고 싶습니다. 아프다 보니 더욱 그런 생각을 하게 됩니다."

아프면서, 특히 간암으로 수술을 여러 차례 받은 이후 그는 자신의 설교가 달라졌다고 말했다. "명확해졌습니다. 군더더기가 없어지더군요. 단순해졌습니다." 피 묻은 복음을 전하는 데 사족을 달 필요가 없다는 것이다. 단순한 복음을 단순하게 전하면 된다는 주장이다.

때묻은 설교 노트, 하용조 목사의 비밀 병기

그러나 단순한 복음을 단순하게 전하기 위해서는 단순하지만은 않은 과정이 필요하다. 서울 서빙고동 온누리교회 2층 담임 목사실 서재에 있는 수십 권의 때 묻은 설교 노트들은 바로 그 노력의 흔적들이다. 거기엔 하 목사가 일일이 손으로 쓴 설교문들이 들어 있다. 큐티 노트도 있다. 그 때묻은 노트야말로 하 목사 설교의 비밀 병기다.

"목회자는 일주일 내내 설교 준비를 해야 합니다. 주일 설교가 끝나면 저는 다음 설교를 준비합니다. 일주일 동안 본문을 읽고 묵상합니다. 설교문은 직접 펜으로 씁니다. 수십 권의 때 묻은 설교 노트는 저의 귀중한 자산입니다. 설교문을 작성하는 데 하루나 이틀이 걸리는데 설교문이 마음에 들지 않아 다 쓴 것을 다섯 번 찢은 적도 있습니다.

초창기에는 윌리엄 바클레이나 존 맥아더 목사, 이상근 목사, 박윤선 목사 등의 주석을 보았습니다. 그러나 지금은 주석을 사용하지 않고 대신 번역본을 많이 봅니다. 설교 테이프도 자주 듣습니다. 조용기 목사, 이동원 목사, 옥한흠 목사 등 국내 목회자들과 빌 하이벨스(윌로크릭커뮤니티교회), 릭 워렌(새들백교회) 목사 등의 설교를 즐겨 듣습니다. 그러나 그분들의 설교를 카피하지는 않습니다. 워렌 목사같이 설교하고 싶은 마음은 없습니다. 단지 참조할 뿐이지요. 설교자들마다 자신만의 독특한 스타일을 유지하는 것이 필요합니다."

릭 워렌과 빌 하이벨스 목사는 미국 교회의 양대 축을 이루는 목회자이다. 사실 지난 10여 년간 한국교회 목회자들은 워렌과 하이벨스를 '카피' 하기에 바빴다. 우리나라의 대표적인 교회라고 할 수 있는 온누리교회와 사랑의교회는 이 두 목회자와 긴밀하게 협력해 왔는데 온누리교회는 하이벨스 목사와, 사랑의교회는 워렌 목사와 보다 더 깊숙하게 네트워킹을 해왔다. 이는 아마도 하용조 목사와 옥한흠 목사의 기질 차이에서 비롯된 일인지 모른다. 그럼에도 '형님 동생' 하면서 지내는 이 두 목회자 모두 설교할 때 동일하게 취하는 자세가 있다. 한 번 한 설교는 다시 하는 법이 없다는 것이다.

"똑같은 설교를 다른 집회에서 해본 적이 없습니다. 항상 새롭습니다. 해야 할 설교가 너무나 많습니다. 긴 시간에 걸쳐 사도행전에 관한 설교를 세 번 했지만 내용은 달랐습니다. 3년에 걸쳐 창세기 설교를 했습니다. 마태복음을 가지고는 5년, 로마서로는 3년 설교

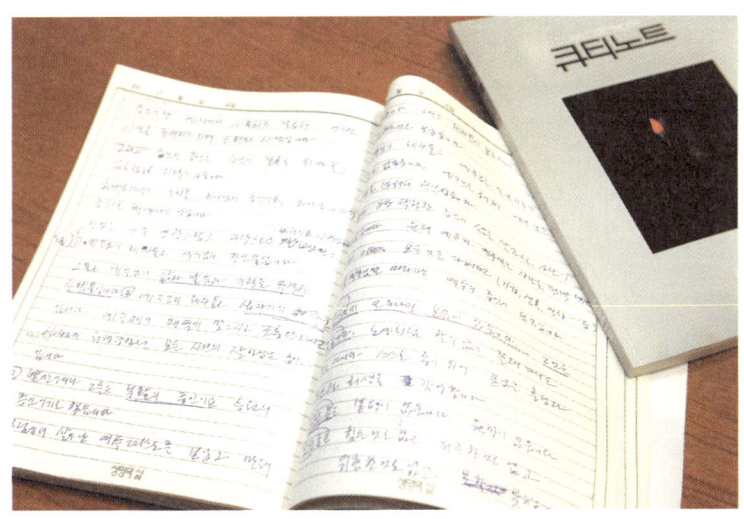

하 목사의 서재에는 수십 권의 때 묻은 설교 노트들이 있다. 일일이 손으로 쓴 설교문들과 큐티 노트들이다. 이 노트들이야말로 하 목사 설교의 비밀 병기들이다.

했습니다. 강해설교가 지닌 묘미가 있습니다. 지금은 이사야서를 하고 있고 앞으로 예레미야서나 에스겔서를 하고 싶습니다. 모두 하려면 7, 8년은 걸릴 것입니다. 강해설교를 하다 보면 죽을 때까지 매번 새로운 설교를 할 수 있습니다. 사실 온누리교회의 부흥 원동력은 이 같은 강해설교에 있습니다."

나는 르네상스형 목회자

최근 르네상스형 인간에 대한 관심이 높다. 과거에는 한 우물만 파는 전문가형 인간이 각광을 받았다면 요즘은 다재다능하며 모든 분야에서 소통하고 통합할 줄 아는 르네상스형 인간이 두각을 나타내는 시기다. 하 목사는 수없이 많은 우물을 동시에 파는 사람이다. 일을 많이 하면 할수록 즐겁고 머리에서도 정리가 잘되는 독특한 스타일이다. 은사적인 측면에서 그는 동시다발형 은사를 가졌다. 동시다발적으로 일을 해도 잘 할 수 있다는 사실을 주위에 보여줬다. 100가지 일을 해도 갈등이 없다고 말한다. 그의 내면에 100가지의 스위치가 따로 있기 때문이란다.

 시대가 바뀌고 있다. '한 우물만 파다보면 그 우물에 갇혀 죽게 된다' 는 것이 새로운 시대의 잠언이 되고 있다. 그러고 보면 하 목사야말로 시대를 앞선 르네상스형 목회자의 전형이라고 할 수 있다. 그 동시다발형 은사 때문에 본의 아니게 질시와 비난을 많이 받기도 했지만….

온누리교회에는 하 목사 이외에도 소위 스타급 목회자들과 평신도 지도자들이 적지 않다. 부교역자들도 자신의 은사를 충분히 발휘하고 있다. 담임 목회자의 품이 넉넉하지 않으면 이뤄지기 힘든 현상이다. 하 목사는 목회 초기부터 자신과 함께 일하는 동역자들의 단점을 결코 보지 않겠다는 결심을 했다고 한다. 장점만 보기로 아예 작정을 했다는 것이다.

여기에 얽힌 일화가 있다. 부교역자 가운데 명절에 심방을 갔다가 교인에게 구두 티켓을 선물로 받은 목사가 있었다. 마침 한 강직한 부목사가 이 사실을 알고 하 목사에게 알렸다. 그때 하 목사는 바로 말했다. "사랑을 더 많이 줬으니까 그랬겠지요." 경우에 따라서 경을 칠 만한 사건도 넉넉함으로 넘어갔던 것이다. 부정적인 일 가운데서도 긍정적인 면을 바라보려고 노력하는 것이 하 목사의 장점이다.

하 목사는 동역자들을 부하가 아니라 친구라고 말한다. 자신이 함께 놀면 좋은 사람으로 기억되기를 바란다. 사실 한국교회의 목회 구조는 철저히 수직적이다. 위계질서가 철저해 담임 목회자와 부교역자들의 관계는 경직될 수밖에 없다. 그는 이 목회자 간의 수직적 구조를 깨뜨리고 싶었다고 한다.

또한 그는 독서하는 목사이다. 책을 사랑한다. 크리스천들의 독서 문화 확산을 위해서 두란노서원을 만들었다. 하 목사는 목회자와 평신도를 가릴 것 없이 다른 사람들에게 말씀을 전해야 하는 크리스천들이라면 존 스토트와 마틴 로이드 존스, 존 맥아더, 빌 하이벨스, 캠벨 모건, 데니스 레인 목사의 책들을 즐겨 읽어야 한다고 강조한다. 헨리 나우웬의 책들도 하 목사가 강력히 추천하는 필독서들이다. 효과적이면서 바른 설교를 하기 원하는 설교자라면 반드시 이들이 쓴 책들과 친숙해져야 한다는 것이다.

물론 성경 강조를 빠뜨리지 않는다. 최근 그에게 부목사들이 물었다. "우리에게 제일 주고 싶은 말씀이 무엇입니까?" 대답은 간단했다. "성경을 많이 읽으십시오." 그는 목사들의 제일 큰 사역 가운데 하나는 성경을 통달하는 것이라고 믿는다. 성경을 많이, 그리고 깊이 읽는 사람들이 의미 있는 목회를 하더라는 것이다. 성경을 읽지 않으면서 책만 많이 읽은 사람들은 소위 '꾼'이 되지만, 성경을 많이 읽으면 훌륭한 목회자, 성숙한 신자가 될 수 있다고 그는 충고한다.

다음은 평소 그가 강조하는 '목회자가 준비해야 할 열 가지'이다.

첫째, 인격, 겸손, 진실, 열정, 헌신 등 기본적인 사항에 충실하라.

둘째, 성경을 부족하다고 느끼지 않을 만큼 읽으라.

셋째, 효과적인 대화법을 터득하라.

넷째, 무엇이 자신의 은사가 아닌지 먼저 깨달으라.

다섯째, 그 다음 무엇이 은사인지 알라.

여섯째, 영적 분별력을 가지라.

일곱째, 균형 감각을 가지라.

여덟째, 현대 목회에 필수인 유머를 갖추라.

아홉째, 긍정적인 사고를 하라.

열째, 영어를 능숙하게 하라.

성령이 정답입니다

한국교회 내에서 하 목사만큼 다양한 사역을 펼친 목회자도 찾아보기 힘들다. 온누리교회뿐 아니라 두란노서원, 위성선교방송인 CGN TV, 한동대와 전주대 등 학원사역, 한류를 접합한 선교 프로그램인 러브소나타 등 그가 시작한 굵직한 사역은 일일이 열거하기조차 힘들다. 지구촌교회 이동원 목사는 그의 창의적인 열정에 감탄하며 푸념 아닌 푸념을 하기도 했다. "하 목사와 온누리교회를 보면 고민하지 않을 수 없습니다. 창조적인 프로그램들을 수없이 많이 하는데 우리 교회가 따라할 수도 없고 안 할 수도 없고…. 아무튼 하 목사 때문에 온누리교회는 '온난리교회'가 되고 있는 것 같습니다."

황해도 진남포에서 태어나 1·4 후퇴 때 피난 간 목포에서 자라난 하 목사의 어릴 때 꿈은 의사였다. 이광수와 심훈의 영향으로 농촌운동에 대한 비전이 있었다고 한다. 대학 시절에 한국대학생선교회(CCC)와 인연을 맺고 간사로 사역했다. 군 제대 후 장신대에서 신학을 했다. 1974년경 고 김경태 장로의 소개로 곽규석 씨와 구봉서 씨를 만나 당시 커다란 화제가 되었던 연예인교회를 창립했다. 하 목사는 "연예인교회는 나의 고향과도 같이 정겹다"면서 "당시 하나님이 기적과 성령의 기름 부음을 주셨다"고 말한다.

간염으로 고생하던 그는 1980년 연예인교회를 사임하고 영국으로 건너갔다. 런던바이블칼리지에서 복음주의 신앙을 확인하고 존스토트 목사로부터 현대의 사회문제를 접한 그는 1984년 귀국한

후 김영길 한동대 총장, 김정한 연대 교수 등과 성경공부를 하면서 교회를 준비, 1년 후 정식으로 온누리교회를 창립했다.

1985년 열두 가정으로 창립된 온누리교회는 23년이라는 짧다면 짧은 역사에도 불구하고 평신도선교와 제자양육, 찬양운동, 기독교문화사역 등에서 모델이 되는 교회로 성장했다. 재적 성도가 5만 명이 넘는 대교회로 성장한 온누리교회는 모든 교인들이 일대일 제자훈련을 받는 등 제자양육을 특히 강조하여 훈련된 평신도들을 길러내는 것으로 유명하다. 경배와 찬양으로 시작된 온누리교회의 찬양사역도 이제는 한국교회에서 보편화됐다.

그렇게 수많은 사역을 펼쳐왔지만, 그는 이것들이 자신의 의지로 된 일이 아님을 강조한다. 그러면 그 많은 사역들은 누가 했는가? 바로 성령님이시다. 그의 인생과 목회에서 가장 중요한 것은 성령 하나님의 인도함을 받는 것이었다. '병 가진 것 외에는 자랑할 것이 없는 사람'인 그가 어떤 건강한 사람보다 많은 일을 하게 성령님은 도와주셨다. 그는 늘 자신의 목회 사역은 성령님께서 만들어주신 일을 따라가는 것일 뿐이라고 강조한다. 성령님께 순종하는 것과 말씀 사역이 목회의 두 축을 이룬다.

"날이 갈수록 목회의 핵심은 성령이라는 생각이 듭니다. 그렇습니다. 성령이 정답입니다. 목회는 목사가 하는 것이 아닙니다. 순수한 성령의 역사가 일어나도록 성령님께 기회를 드리는 목회를 해야 합니다. 그것이 목회에서 승리하는 비결입니다. 성령 사역을 하나의 종교나 제도, 신학으로 만들면 안 됩니다. 생명으로 만들어야 합니다. 이것이 긴 시간 목회를 하고 내린 결론입니다. 목회의 중심은 결국 성령입니다."

목회자라면 누구나 성령이 주관하는 목회를 하고 싶어 한다. 모두가 성령님과 함께하는 신앙생활을 원한다. 그럼에도 성령님이 항상 임재하고 있다는 느낌을 갖지 못하는 목회자와 성도들이 적지 않다. 이에 하 목사는 신자들이 반드시 성령 체험을 해야 한다고 강조한다.

"성령 체험은 제가 수십 년간 고민해온 주제입니다. 성령 체험을 위해서는 끊임없이 성령의 임재 가운데 들어가야 합니다. 성령을 사모해야 합니다. 순전한 마음을 갖고 성령을 고대하면 성령의 임재를 느끼게 됩니다. 이것은 경험해보아야 합니다. 여기에는 이론이 없습니다. 왕도도 없고요. 성령의 열매는 교인들의 삶에서 나타납니다. 목사가 성령에 관한 설교를 한다고 나타나는 게 아닙니다. 성령 체험을 한 성도들의 일상생활에 성령님의 운행하심이 드러나는 것입니다. 성령을 체험하면 가난한 자를 돌보고, 굶주린 자를 먹이고, 사회의 그늘진 곳을 밝게 하려는 노력이 자신도 모르게 나타납니다. 끊임없는 자기 성찰, 내면의 투쟁과 열정이 성령 목회를 가능하게 합니다."

온누리교회에서는 '궤도 수정'이란 말을 많이 사용한다. 목회자와 성도들이 언제나 성령이 지시하는 대로 방향을 틀 준비가 되어 있기 때문이다.

그런데 하 목사의 선교 스타일에 거부감을 갖고 있는 사람들도 있다. 각 지역에 온누리교회를 이식시킨다는 비난도 받고 있다. 그에게도 개인적인 야망이 있었을 것이다. 그 야망이 주위를 피곤하게 만들었을지도 모른다. 그러나 적어도 지금은 아니라고 본다. 일곱 차례의 대수술을 받은 사람, 매주 세 차례씩 매 네 시간 동안 인위적으로 피를 갈아야 하는 사람, 죽음을 매일 경험하는 사람에게 과도한 인간적인 욕망이 있을 것이라고 생각하기는 힘들다.

하 목사는 인생을 차분히 정리하다 보니 남은 단어들이 있다고 말했다. 십자가와 부활, 성령, 교회, 종말 등 원론적인 것들이 새롭게 깨달아진다는 것이다. 목회를 하면서 수많은 방법론을 써 보지만 결국 본질로 돌아가는 것이 아닌가 싶다.

많은 걸출한 지도자들이 하 목사의 멘토이다. 고 한경직 목사로부터 목회의 전반적인 그림 그리기를, 김준곤 목사(CCC 대표)에게서 민족복음화와 선교를 배웠다. 주선애 권사(전 장신대 대학원장)로부터는 신앙의 순수함과 열정을, 고 김용기 장로(전 가나안농군학교장)에게선 민족의식을 배웠다.

그럼에도 궁극적으로 그가 꿈꾸고 추구해온 목회는 따로 있다. 바로 예수님의 목회, 곧 성령님을 따르는 목회이다. 그에게 목회는 한마디로 '성령의 공동체를 만들어 가는 것'이다. 성령님께 순종하는 것이 그의 삶과 목회를 이루는 전부이다. 예수님처럼 목회하는 게 그의 꿈이다. 그는 온누리교회에 사도행전의 교회가 재현되는 모습을 보기 원했다. 성령이 역사하고 떡을 떼며, 서로 아름다운 교제를 하고, 기적이 일어나며, 구제와 봉사를 하는 교회…. 선교하고 교회를 재생산하는 '바로 그 교회'를 이 시대에 다시 실현해보고 싶었다. 그에게 사도행전적 교회 건설은 아직도 진행형이다. 완성은 없고 목표를 향해 나아가는 과정이 그의 목회라고 할 것이다.

인생, 주님께 붙들려 사는 것

"인생이 무엇입니까?"

신장 투석실에 누워 있는 하 목사에게 불쑥 이런 질문을 하자 곧 이런 답이 돌아왔다.

"주님께 붙들려 사는 것이지요."

"그 인생에서 성공과 실패가 있을까요?"

"성공이라…. 빈손으로 연예인교회를 시작했습니다. 이제 빈손으로 주님 앞에 갈 준비를 해야지요."

하 목사는 지금 죽음과 친해졌다. 수술 때마다 삶과 죽음을 들락날락했다. 그는 이제 죽음에 대한 관념은 초월했다고 말한다. 죽음을 한 번도 생각해보지 않았던 사람이 막상 죽음을 떠올리면 심각해지지만 자신은 매일 죽음을 '묵상' 하기 때문에 죽음이 전혀 낯설지 않다는 것이다. 어차피 인간은 날마다 죽고 있지 않느냐고 말했다.

그렇다. 죽음은 끝이 아니라 패러다임의 전환이다. 새로운 세계로 들어가는 것이다. 이 방에서 저 방으로 옮기는 것일 뿐이다. 죽음을 종말로 받아들일 때는 심각한 충격이고 슬픔이지만 단지 장소를 옮긴다고 생각하면 설레는 마음까지 든다는 하 목사의 말에 동감하는 사람들이 적지 않을 것이다.

그에게 죽음은 영원을 여는 문이다. '문을 열고 나면 무엇이 있을까' 를 생각하며 새로운 세계를 기대한다. 죽음의 이면은 하나님 나라이다. 그래서 좋은 곳에서 나쁜 장소로 옮기는 것이 아니라 더

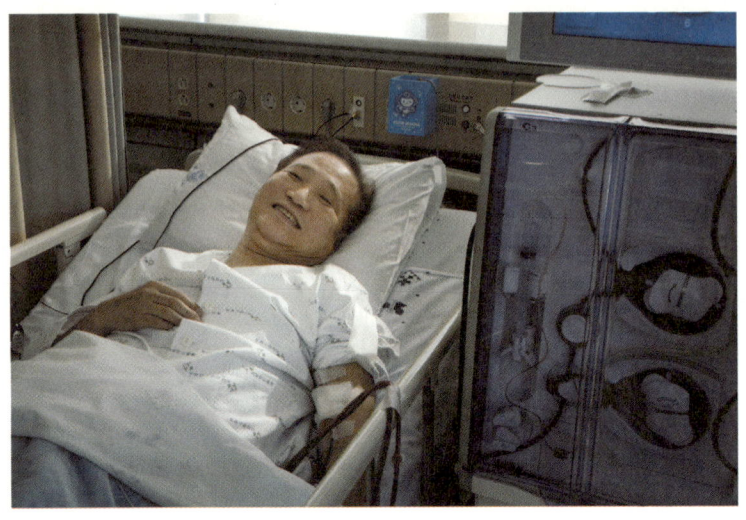

일주일에 세 번, 네 시간씩 신장 투석을 받는 시간이 깨달음과 은혜의 시간이라고 말하는 하용조 목사. 그는 지금 죽음과 친해졌다. 매일 죽음을 '묵상'하기 때문에 죽음이 전혀 낯설지 않다는 것이다. 어차피 인간은 날마다 죽고 있지 않느냐고….

좋은 곳으로 가는 기대감이 든다는 것이다. 매일 죽음을 생각하면서 자신은 행복하다고 토로한다. "늘 바쁘게 사역하던 사람이 하나님의 사로잡힘을 받아 진짜 큐티를 할 수 있으니 행복하지 않느냐"고 말한다. 전보다 더욱 강도 높게 하나님과 친밀감을 느낄 수 있어서 좋다고 한다. 감옥에서 자유롭게 하나님과 더 깊은 관계를 가졌던 사도 바울이 이해된다고 덧붙였다. 자주 수술실에 들어가다 보니 이제는 수술을 받을 때마다 재미있다는 느낌까지 든다고 한다.

하 목사는 2006년 8월에 여의도순복음교회 조용기 원로목사와 만난 적이 있다. 두 사람의 목회는 개인적 고통을 빼놓으면 설명하기 어렵다. 하 목사와 마찬가지로 조 목사도 50년 전 목회를 시작할 당시부터 폐결핵 등 각종 질병에 시달리면서 여의도순복음교회를 세계 최대의 교회로 성장시켰다.

이날 만남에서 조 목사는 "인생은 번지점프를 하는 것과 같다"고 말했다. 믿음의 줄을 잡으면 살고, 놓치면 죽는다는 것이다. 하 목사는 인생은 낭떠러지에 서 있는 것과 같다고 화답했다. 평지를 걷는 게 아니라 벼랑 끝에서 주님과 만나는 것이 믿음이란 사실을 절감하고 있다고 언급했다.

조 목사는 "많은 사람들은 혼자 힘으로 삶을 살고 있다고 생각하다가 고난이 닥치면 하나님을 찾게 된다"면서 "그러므로 고난은 하나님의 은혜를 경험하게 하는 선생님"이라고 언급했다. "나는 48년 동안 생존을 위한 서바이벌 목회를 했습니다. 내가 살기 위해서 하나님을 굳게 붙들었습니다. 오중복음과 삼중축복도 모두 내가 살기 위한 것이었습니다. 사실 나는 신학적 사치를 부릴 여유가 없었습니다. 살기 위해서 하나님을 붙들었고 나와 같은 사람들이 모임으로써 여의도순복음교회라는 대 교회를 이룰 수 있었습니다. 전적으로 하나님의 은혜지요. 인생은 번지점프를 하는 것과 같습니다. 믿음의 줄을 놓치면 죽고, 잡으면 사는 것입니다. 살면서 깨달은 것이 있습니다. 고난과 정비례해서 성령의 역사는 이뤄진다는 것입니다. 고난이 심할수록 우리를 서바이벌하게 하시는 성령의 역사가 강하게 나오는 것이지요."

하 목사는 자신이 수술대 위에서 깨달은 점을 말했다. "처음 암 수술을 받을 때, 사실 죽음보다는 교인들을 실망시킬지 모른다는 생각에 두려웠습니다. 미국에서 수술 받으러 들어가는 순간, 아들이 '수술 잘 받으세요'라고 말하더군요. 그때 생각했습니다. '내가 수술을 잘 받을 수 있는 결정을 할 수 없고 의사가 수술을 하더라도 죽을 사람은 죽고, 살 사람은 사는 것이구나'라고요. 바로 깨달았습니다. 인생은 능동태가 아니라 수동태라는 사실을 말입니다. 내가 사는 게 아니라 그분의 은혜 안에서 살아지는 것이라는 것을 실감했습니다. 물론 한순간 불안해지고 두려울 때가 있습니다. 믿음이 없어지면 두려워지더라구요. 하나님이 느껴지지 않거나 믿음의 줄을 놓치면 굉장히 불안해집니다. 그러다가 믿음의 줄을 잡으면 그렇게 편안해질 수 없습니다."

조 목사에게 토로한 바와 같이 하 목사는 매일 죽음을 묵상하고 있다. 죽음의 묵상을 통해서 인생의 참 의미를 깨달을 수 있다고 한다. 헨리 나우웬은 죽음이야말로 '가장 큰 선물Our Greatest Gift'라고 말했다. 그와 마찬가지로 하 목사도 고통과 죽음을 선물로 받아들이고 있다. 죽음은 삶의 형태를 바꿔 놓을 수는 있지만 하나님 안에서 경험하는 신자의 삶 전체를 무너뜨리지는 못한다는 것이다.

"우리는 매일 죽음을 연습하고 있는지 모릅니다. 수술할 때마다 중보기도자들의 기도를 느낍니다. 새삼 기도의 능력을 실감합니다. 누군가 나를 위해 기도해주기 때문에 병을 이길 수 있는 것 같습니다."

그는 과거에 대한 아쉬움은 없다고 말한다. 인간에게는 미련이 있지만 그 미련은 희망 앞에서는 의미가 없어진다. 더 좋은 것에 대한 기대감과 희망이 있기 때문에 그에게는 미련이 없다. 오히려 흥분이 있다. 건강을 잃어버린 것은 슬픈 일이지만 그것 때문에 받은

2006년 8월 어느 날, 오랜 만의 만남이지만 조용기 원로목사와 하 목사는 그날 '고통'이란 키워드로 금세 하나가 됐다. 육체의 고통이 더할수록 하나님께 더욱 의지하고 믿음의 줄을 강하게 붙들 수밖에 없기에 고통은 이들에게 오히려 은혜 그 자체였다.

축복도 적지 않았다. 연약한 건강 때문에 자신의 한계를 알게 됨으로써 그 한계를 넘어서 무리하게 일하지 않게 되었고 진정한 팀 사역을 할 수 있게 되었다.

"그래도 고통스럽지 않습니까?"

"고통은 과정입니다. 늙어가는 과정에서 생기는 현상일 수 있습니다. 주님이 허락하시는 고통도 있습니다. 중요한 것은 모든 고통에는 뜻이 있다는 것입니다. 고통이 내게 의미가 있다고 생각하는 순간에 고통은 결과적으로 축복이 됩니다. 깨달음과 은혜를 줍니다. 밤이 낮을 알게 하는 것과 같이 고통이 있기 때문에 기쁨도 더 빛이 납니다."

"크리스천들은 어떻게 살아야 합니까?"

그의 대답은 단순 명료했다.

"오직 예수님처럼."

복음을 미끼로 삼지 말라

이재철

이재철

서울 합정동에 자리한 한국기독교선교100주년기념교회 이재철 목사는 본질을 추구하는 목회자이다. 성도들은 물론 신학생들이 가장 만나고 싶어 하는 목회자 가운데 한 명인 이 목사는 좀처럼 언론과 인터뷰를 하지 않기로 유명하다. 2005년에 처음으로 공식 인터뷰를 한 이후 2007년과 2008년에 한차례씩 세 번에 걸쳐 깊은 대화를 나눌 수 있었다. 첫 번째 인터뷰 당시 "크리스천들이 '황제의 논리'를 벗어나 거룩한 진리의 법칙에 따라 살 때 세상을 변화시키는 힘을 얻을 수 있을 것"이라는 이 목사의 말은 오래도록 마음에 남았다. 그는 지금 '양화진의 묘지기'로서 한국 기독교 성지를 지키겠다는 소박한 심정으로 목회하고 있다. 지금까지 말씀대로, 설교한 대로 자신의 삶을 채워왔기에 더욱 진솔하게 다가오는 그의 설교관과 참된 목회에 관한 이야기를 들어본다.

이재철

설교 준비, 주님의 마음을 읽는 데서 시작한다

주일 새벽에 일어난 이재철 목사는 메모장 하나를 꺼내든다. A4용지 절반 되는 종이 앞뒤에 깨알 같은 글씨가 색색으로 적혀 있다. 검정색 글씨는 설교 내용이고 파란색 글씨는 성경 구절이다. 빨간색 글씨는 헬라어와 히브리어이며 초록색 글씨는 예화이다. 감방에서 오랜 세월을 보낸 이가 담뱃갑 종이에 수천 자를 빽빽이 써내려간 편지 같다고나 할까? 이 한 장의 메모장에는 설교 원고 전문이 토씨 하나까지 빠지지 않고 다 들어 있다. 그렇게 이 목사는 37~38분 분량의 설교 내용을 머리에 모두 집어넣는다. 앞뒤 한 장으로 설교문을 정리한 것은 여러 장으로 만들 때보다 외우기가 훨씬 편리하기 때문이다.

강단에서 그는 설교 원고를 거의 보지 않는다. 교인들의 얼굴을 직접 보며 말씀을 전하기 위해서이다. 강단에 서면 메모장에 기록해놓은 설교 원고가 실타래가 풀리듯 머릿속에 영상으로 떠오른다니 대단한 능력이 아닐 수 없다. 아니 그것은 능력이 아니라 노력이다. 설교 한 편에 온 몸의 진액을 쏟아 붓듯이 그는 설교 준비에 열중한다.

이 목사는 형식으로 볼 때 '순서설교'를 하고 있다. 순서설교란 말 그대로 성경을 순서대로 설교하는 것이다. 그는 백주년기념교회를 개척한 이후 계속 사도행전을 본문 삼아 설교를 해오고 있다. 한 절을 가지고 수주일 설교하는 것이 예사이다.

"강해설교는 주로 한 장 전체의 틀을 짜고, 그 틀 안에서 메시지를 전개하는 형태입니다. 주어진 구절, 혹은 한 단어를 통해 성경 전체를 보는데, 주일설교가 끝나면 자연스레 다음 주 설교 본문이 결정됩니다. 그러면 일주일 내내 그 본문을 주신 하나님의 마음을 묵상합니다. 주님의 마음을 느끼기 위해서 기도합니다. 그 구절을 창으로 세상을 봅니다. 일주일 동안 그 구절, 거기에 담긴 성경의 단어로 세상을 들여다봅니다. 그때 가장 중요한 것은 그 구절을 주신 하나님의 마음을 읽는 것입니다."

성경을 해석하는 데 있어 그는 자칫 해석의 주체가 '나 자신'이 되지 않도록 주의한다. 그러면 논리적으로는 훌륭한 해석이 될지 모르지만 그 말씀을 주시는 하나님의 마음에서 벗어날 수 있기 때문이다.

"제가 아주 친한 친구와 어떤 일에 대해 합의하고 그것을 글자로 남겼다고 합시다. 제일 중요한 것이 무엇입니까? 글자를 남긴 친구와 저의 마음이잖습니까? 그런데 우리가 죽고 나서 100년 뒤에 사람들이 우리의 마음은 빼놓고 글자만 가지고 그 의미를 따지면 우리의 마음과는 정말 다른 분석이 나오겠지요.

오래 전에 유명한 사진작가의 글을 본 적이 있습니다. 그분은 시골을 가다가 정말 좋은 고목을 발견하면 그 자리에서 몇 날 며칠이고 머문다고 합니다. 아무리 피사체가 훌륭해도 그냥 찍으면 위대한 작품이 나오지 않기 때문입니다. 하루고 이틀이고 사흘이고 그 나무 앞에 앉아서 그냥 나무를 쳐다보며 '이 나무가 100년 동안 이 곳에서 어떤 희노애락을 겪었을까'를 생각 합니다. 나무의 마음을 읽는 것이지요. 그러다보면 어느 순간엔가 나무가 말을 걸어온다고 합니다. 그 순간에 셔터를 누르면 죽은 영상으로서의 나무가 아니라 하나의 살아있는 나무가 찍힌다는 것이지요. 하나님의 말씀을 전하는 내 마음도 이래야 되지 않겠는가 생각합니다."

사진작가가 나무의 마음을 읽기 위해 몇 날 며칠을 그 자리에 머문 것처럼 그도 본문을 주신 주님의 마음을 느끼기 위해서 기도하고 애쓴다. 사도 바울은 고린도전서 2장 16절에서 "누가 주의 마음을 알아서 주를 가르치겠느냐 그러나 우리가 그리스도의 마음을 가졌느니라"고 말했다. 바울처럼 위대한 석학이자 설교자도 말씀을 주신 주님의 마음을 지녔을 때에야 비로소 말씀을 바르게 전할 수 있었던 것이다.

단 하나의 단어와 표현을 찾아서

이렇게 한 주간 동안 주님의 마음을 읽고 주님이 주신 구절을 창으로 세상을 보면서 깨닫는 점들을 메모하고, 그것을 근거로 토요일

오전 10시쯤부터 본격적으로 설교문 작성에 들어간다. 보통 주일 설교를 하는 데 37분에서 38분 정도가 드는데, 설교문 작성에는 평균 12시간이 걸린다. 금요일 저녁에 퇴근한 뒤에 주일 아침까지 대문 밖을 나가지 않는다.

"제 설교문을 보면 수정액으로 지우고 다시 쓴 자국투성이입니다. 대개 원고를 쓰기 시작할 즈음에는 '무엇을 써야 한다'라는 전체 틀은 명료하게 잡힙니다. 하나님의 마음도 알게 됩니다. 그런데 주님이 주신 그 마음을 가장 적절하게 표현하는 작업이 힘듭니다. 말씀을 통해 제 마음속에 충만한 하나님의 마음을 어떻게 교인들이 알아들을 수 있는 단 하나의 단어, 단 하나의 표현으로 만드느냐가 관건입니다. 그것 때문에 시간이 걸립니다. 씨름하는 겁니다. 나 혼자 아무리 하나님의 마음을 강하게 느껴도 설교를 듣는 교인들이 이해하지 못하면 아무런 의미가 없으니까요."

설교를 주일 하루에도 대여섯 번씩 하는 목회자들이 적지 않다. 전병욱 목사 같은 경우 설교를 많이 하지 않으면 좀이 쑤신다고 하고, 심지어 죽을 것 같다고 말하는 목회자들도 있다. 그런가 하면 설교를 물리적으로 많이 하기 어렵다고 말하는 목회자들도 있다. 한국교회 강단이 약해진 이유 가운데 하나가 한 목회자가 설교를 너무 많이 하기 때문이라는 지적도 있다. 설교 한 편에 이토록 공들이는 이 목사는 이에 대해 어떻게 생각할까?

"설교는 인간의 노력이 들어가는 작업이기는 하지만 결과적으로 그 성패는 성령님의 도우심에 달려 있습니다. 저도 전병욱 목사님처럼 많은 횟수의 설교를 충분히 할 수 있다고 생각합니다. 실제로 이재철 목사의 설교 메모장. A4 용지 절반 되는 종이 앞뒤에 깨알 같은 글씨가 색색으로 적혀 있다. 검정색 글씨는 설교 내용, 파란색 글씨는 성경구절, 빨간색 글씨는 헬라어와 히브리어, 초록색 글씨는 예화이다. 37~38분 분량의 설교 내용이 이 한 장 앞뒤에 빼곡하게 들어 있다.

예전에 주님의교회에서 목회를 할 때는 여러 차례 설교를 했지요. 주일설교와 수요 성경공부는 물론이고 매일 새벽기도와 심방, 각종 성경공부, 외부 강연 등을 합하면 엄청난 분량이 아닐 수 없습니다. 물리적으로는 그 많은 설교를 준비하기에 도저히 불가능해 보여도 하나님께서 다 하게 해주셨습니다. 물질의 오병이어만 있는 게 아니라 시간의 오병이어도 있다는 사실을 그때 느꼈지요. 짧은 시간 동안에도 하나님께서 말씀을 집중적으로 쏟아 부어주시면 가능한 일입니다. 그때 제가 40대였습니다. 지금도 설교를 적게 하는 편은 아니지만 이제는 나이도 더 들고 워낙 체력이 달려 그때만큼은 많이 못합니다."

설교, 눈의 비늘 벗기기

"하나님 입장에서 본 설교는 하나님의 마음을 읽어서 그 마음을, 기록된 하나님의 말씀을 통해 세상의 언어로 전하는 것입니다. 하나님의 마음을 전하는 행위가 바로 설교이지요.

청중의 입장에서 설교는 청중의 눈을 덮고 있는 비늘을 벗겨주는 것입니다. 사울은 눈의 비늘이 벗겨지면서 바울로서 새로운 인생을 살 수 있게 됩니다. 우리 각자에게는 이기심과 자기 욕망, 그릇된 습관 등 수많은 비늘이 있습니다. 그 비늘 때문에 사물을 바르게 보지 못합니다. 매일 거듭난다는 것은 그런 비늘들을 벗는 것입니다. 그래야 바르게 볼 수 있으니까요.

설교자의 입장에서 설교는 하나님에 대한 헌신입니다. 헌신은 말 그대로 몸을 드리는 것입니다. 내가 살아서는 하나님의 마음을 제대로 전할 수 없기 때문에 내가 죽어야 합니다. 설교가 선포되는 이 세상은 거짓과 투기와 온갖 기득권으로 가득 차 있습니다. 이런 세상에서 사는 청중에게 말씀을 전하고 칭찬받기를 바라서는 안 됩니다. 하나님의 마음을 바르게 전하기 위해서는 세상은 물론 자신이 목회하는 성도들로부터 욕을 들을 수도 있습니다. 주님의 말씀을 선포하다가 돌아오는 욕이 있다면 그것까지 감수하는 게 설교자의 바른 자세이겠지요. 그래서 설교자에게 설교는 헌신입니다."

예배를 마치고 성도들은 "오늘 참 설교 좋았어" 혹은 "오늘 설교 형편없었어"라는 말들을 한다. 과연 무엇이 좋은 설교인가? 이른바 '잘하는 설교'가 사람들이 환호하는 설교는 결코 아닐 것이다.

이 목사는 요즘은 사람을 끌어모으는 설교가 좋은 설교가 되어버렸다고 개탄한다. 그가 말하는 좋은 설교는 청중을 구름같이 모으는 것이 아니라 청중을 변화시키는 설교, 참된 크리스천으로 만드는 설교이다.

"일제시대에 신사참배를 반대했던 주기철 목사님이 감옥에 갇혀 계실 때에도 당시의 예배당에서는 여전히 설교가 울려 퍼지고 사람들은 좋은 설교를 좇았습니다. 그 시대에도 이른바 '좋은 설교'가 각 예배당에서 선포되었습니다. 그러나 시대가 지나 오늘날 우리가 이만큼이라도 변화될 수 있었던 것은 그 시대에 강단에서 울려 퍼진 설교 덕분일까요? 아니요, 그 변화는 오히려 감옥에 계셨던 목사님으로 인해 이루어진 것입니다. 여기에 정답이 있습니다. 누군가를 변화시켜서 회개하게 만드는 설교야말로 좋은 설교입니다."

이 목사는 최고의 설교자로 단연 예수님을 꼽는다. 예수님은 인간의 연약함이 무엇인지 알고 계셨다. 인간이 무엇을 버리고 무엇을 취해야 할지 충분히 숙지하고 계셨다. 그들에게 진리와 정의를 전하기 위해서 어떻게 이야기해야 할지 알고 계셨다. 본질과 수단 등 모든 면에서 완전한 그분의 설교는 그야말로 사람들의 심령에 지각변동을 일으켰다. 예수님의 설교야말로 모든 설교자들이 따라가야 할 최고의 모본인 것이다.

"복음을 미끼로 삼는 것, 복음에 불순물을 타는 데서 강단의 위기가 옵니다. 2000년 전에도 강단의 위기가 왔습니다. 당시 설교자들이 선포했던 복음을 들어보면 모두 맞고 성경에 있는 말입니다. 그런데 결과는 그것이 복음 전하는 사람들의 야망과 목적을 위해 쓰였다는 겁니다. 오늘날 한국교회 강단이 맞은 위기의 본질이 여기에 있습니다."

복음을 미끼로 삼지 말라

한국교회의 위기는 강단의 위기라는 소리가 많다. 어떤 면에서 우리는 강단이 위기에 처해 있다고 하는가? 이에 대해 이 목사는 복음을 미끼로 삼는 것, 복음에 불순물을 타는 데서 강단의 위기가 온다고 지적한다.

"'한국교회 강단의 위기'라는 말을 자주 쓰는데 과연 '위기의 본질이 무엇인가'에 대한 정의부터 분명히 밝혀야 할 것입니다. '강단의 위기'라고 할 때 꼭 따르는 말이 교인 수의 감소입니다. 강단이 약하기 때문에 사람들이 교회에 오지 않는다는 것입니다. 그런데 생각해보십시오. 오늘날 세상에서 문제 삼는 교회는 사람이 많이 모이는 교회이지 모이지 않는 교회는 아니지 않습니까? 그러므로 교인 수로 강단의 위기를 따지기 전에 본질적인 의미에서 위기를 생각해보아야 합니다."

그는 무엇보다도 바른 복음이 선포되는가, 아니면 바른 복음이 아닌 것이 선포되는가에 따라서 강단의 위기를 생각해야 한다고 지적한다.

"2000년 전에도 강단의 위기가 찾아왔습니다. 고린도후서 2장 17절에서 바울 사도는 '우리는 수많은 사람들처럼 하나님의 말씀을 혼잡하게 하지 아니하고…'라는 말을 합니다. 바울이 볼 때 그 당시에 강단의 위기가 있었던 것이지요. 당시에도 많은 사람들이 복음을 혼잡하게 했다는 것입니다. 그런데 그 '혼잡하게 하다'는 동사는 행상을 의미하는 헬라어에서 파생됐습니다. 행상들은 고정

점포가 없어서 정직하게 상거래를 할 필요가 없었습니다. 포도주에 물을 타서 양을 두 배로 만들기도 했습니다. 비난이 일면 다른 곳으로 옮기면 되니까요. 그래서 바울은 '우리는 그 행상들처럼 복음에 내 욕심을 혼합시키지 않는다' 라고 말한 것입니다.

그런데 고린도후서 4장 2절에서 그는 '우리는 복음을 혼잡하게 하지 않는다' 라는 말을 또 한 번 합니다. 여기에 쓰인 '혼잡하게 하다' 라는 헬라어의 의미는 '미끼로 쓰다' 로 풀이됩니다. 당시 설교자들이 선포했던 복음을 들어보면 다 맞는 말입니다. 모두 성경에 있는 말입니다. 기승전결이 다 옳습니다. 그런데 결과를 보니 그 복음이 미끼로 쓰였다는 것이지요. 복음을 전하는 사람들이 자신의 야망이나 목적을 위해 복음을 미끼로 사용했다는 것입니다. 그래서 바울은 '내 욕망을 위해서 복음에 어떤 것도 혼합시키지 않는다. 어떤 경우에도 내 야망을 위해서 복음을 미끼로 쓰지 않겠노라' 고 이야기한 것입니다."

요즘 사람들이 많이 모이는 대부분의 설교를 보면 사랑만 강조되고 있는 것도 생각해볼 문제라고 이 목사는 지적한다. 주님의 사랑과 공의는 동전의 양면과 같이 분리될 수 없다. 사랑 없는 정의는 폭력이요, 정의 없는 사랑은 마약이라고 그는 말한다.

"오늘날 참으로 많은 크리스천들이 복음을 따릅니다. 기꺼이 헌금을 하고 구제도 합니다. 태안의 기름 유출 현장을 찾아가 정성을 바칩니다. 그럼에도 그분들의 삶이 근본적으로 변화되지 않습니다. 세상도 변화되지 않습니다. 이는 정의를 기반으로 사랑을 외치지 않기 때문입니다. 사랑의 행위를 하는 최고의 이유는 하나님의 정의에 부합한 삶을 살기 위해서라는 사실을 알아야 합니다. 하나님의 정의 속에서만 우리는 바르게 살아갈 수 있습니다."

그런데 왜 우리의 강단에선 사랑만 강조되고 있는 걸까? 이 목사는 설교자의 부담감에서 그 실마리를 풀어간다.

"설교자에게 설교는 헌신입니다. 헌신의 마지막 단계는 진리를 선포함으로 인해 누군가로부터 욕을 들을 수 있는 것까지 감수하는 것입니다. 예수님은 정의에 기반을 둔 사랑의 설교를 하셨습니다. 그 결과가 어떠했습니까? 기득권을 지닌 유대인들로부터 욕을 듣고 십자가에 달려 돌아가셨습니다. 이 시대의 설교자들은 예수님과 같은 헌신된 자세로 사랑과 정의를 바르게 선포해야 합니다.

사실 세계 어느 나라를 가도 대한민국의 교인들만큼 위대한 크리스천을 발견할 수 없습니다. 새벽부터 밤늦게까지 주님의 일을 하며 자기를 완전히 던집니다. 그런데 아직 바르게 깨닫지 못해서, 바꾸어 말하면 아직 비늘이 완전히 벗겨지지 않아서 잘못 헌신하고 있는 경우가 많습니다.

많은 크리스천들이 헌신하고 있다고 하지만 신앙생활이 아니라 종교생활을 하고 있습니다. 말하자면 그릇된 헌신을 하는 것이지요. 한국교회 지도자들은 이 같은 잘못된 헌신과 종교의식에 물든 성도들을 바르게 인도해주어야 합니다. 그렇게 하면 100여 년 전에 평양에서 일어난 대부흥이 바로 오늘 우리 삶의 현장에서 다시 일어날 수 있습니다. 정말 강단이 살아서 모든 사람들이 본질을 분명하게 깨우치게 된다면 교회는 물론 우리 사회가 쉽게 변혁될 수 있다고 확신합니다."

세계문학전집 한 질을 독파하라

"한국교회 설교자들은 대부분 어렵게 신학교를 나온 분들입니다. 신학교에 들어갈 때나 졸업할 때 모두들 주님을 위해 헌신했을 것입니다. 처음부터 그릇된 마음을 갖고 사역하는 분들은 없습니다. 그런데 그런 분들이 왜 점차 복음에 혼합물을 넣고, 생명의 복음을 미끼로 사용하는 경우가 있을까요?

먼저 그분들이 처음 시작하는 열정에 비해 세상을 알지 못하는데 문제가 있다고 봅니다. 복음을 전하는 사람들은 세상을 알아야 합니다. 이 세상이 얼마나 어둡고 음탕하고 거짓되게 움직이는지 알아야 합니다. 그래야 역설적으로 복음의 능력을 자신이 직접 확인할 수 있으니까요. 그때 비로소 이 혼탁한 세상에 생명의 복음을 어떻게 전할 것인지 결정됩니다.

예수님은 이 땅에 말씀으로 오셨음에도 불구하고 서른 살이 되어서야 공생애를 시작하셨습니다. 서른 살이 되기까지 세상을 먼저 알아가신 것이지요. 그분은 갈릴리 빈민들 속에서 살면서 사람들이 얼마나 땀 흘리며 살아가는지, 세상이 어떤 곳인지 몸소 체험하셨습니다. 예수님처럼 우리 목회자들은 성경에 대한 지식 못지않게 세상을 알아야 합니다. 모든 세상 돌아가는 이야기에 대한 투철한 자기 인식이 있어야 합니다. 그래야 세상에 대한 올바른 인식을 바탕으로 세상을 고치는 힘을 복음으로부터 얻지 않겠습니까?"

설교자가 사회와 인간에 대해 깊숙이 이해하는 것은 매우 중요하다. 사회를 알고, 인간을 이해하기 위해 이 목사는 일차적으로 신문이나 방송 등을 통해서 세상을 알아야 한다고 강조했다. 한 손에는 성경을 들고, 한 손에는 신문을 들어야 한다는 것이다.

또한 젊은 신학도나 교회 리더들은 좋은 세계문학전집 한 질을 꼭 읽어야 한다고 강조했다. 문학은 인간의 이야기다. 문학을 통해서 내가 경험할 수 없는 인간의 다양한 삶을 간접적으로 경험할 수 있다. 대부분의 목회자들은 신학교에 바로 들어가서 세상의 별다른 이력을 거치지 않고 바로 목회자가 된다. 그러면 세상을 제대로 알기 힘들다. 그래서 독서 등 다양한 방법을 통한 간접 경험이 필요한 것이다. 그러지 않아도 세상적인 삶의 경험이 부족한데 간접 경험을 하려는 노력조차 없다면 영영 세상을 모르는 목회자가 될 수밖에 없다.

"오늘날 교회들이 실제로는 열심히 노력하고 있음에도 불구하고 세상으로부터 불신을 당하고 비판을 받는 이유 가운데 하나가 일방적으로 교회 용어를 세상을 향해 선포해 버렸기 때문입니다. 세상을 모른 채 성경 용어와 교회 용어를 세상에 선포하다 보니, 그 용어들의 참된 의미가 상실되어 버린 것이지요. 말이 신뢰를 잃으면 그 말을 한 사람 역시 신뢰를 잃게 됩니다. 그런데도 그 의미를 계속 반복만 하니 교회 자체가 불신의 대상, 비판의 표적이 되는 것은 당연한 일입니다."

설교 전달에는 두 가지 방법이 있다고 한다. 교회의 용어, 즉 성경 용어로 복음을 설명하는 것과 세상의 용어로 복음을 설명하는 것이다. 사도 요한은 주님의 말씀을 세상 용어인 '로고스'로 표현했다. 이제 세상 사람들이 더 이상 신뢰를 주지 않는 교회 용어를 뛰어넘는 새로운 용어가 필요하다.

"새로운 용어가 신뢰를 회복하면, 결과적으로 교회 자체의 신뢰도 회복된다고 봅니다. 최근 우리나라 정치가들은 '애국'이란 말을 잘 사용하지 않습니다. 지난 수십 년간 정치가들이 애국이라는 말을 자신들의 욕망을 채우는 도구로 오염시켜 왔기 때문입니다. 가령 제가 "애국합시다"라고 말하면 사람들은 '저 사람, 국회의원 출마하려나 보다' 생각하겠지요. 그만큼 애국이란 말이 신뢰를 상실한 겁니다. 애국이란 용어가 신뢰를 상실하다 보니 그 용어를 사용하는 사람까지 신뢰받지 못하는 것이지요. 그래서 사람들은 애국 대신에 다른 비슷한 용어, 이를테면 '나라사랑'이란 말을 사용합니다. 마찬가지로 목회자나 성도들도 신문과 방송, 문학전집, 세상 사람들과의 교류를 통해 세상을 더욱 깊숙이 알아야 합니다. 세상의 언어를 사용해 결과적으로 세상을 교회로 인도해야 합니다. 지금 우리 시대에는 이 같은 복음의 역주행이 필요합니다."

이 목사는 크리스천들, 특히 목회자들은 앙드레 지드, 톨스토이, 도스토예프스키, 스탕달 등 어떤 작가든 상관없이 대문호들의 작품들을 읽어야 한다고 강조한다. 그들의 작품을 통해 유한한 인간의 삶이 무엇인지 파악할 수 있다는 것이다.

"도스토예프스키의 《죄와 벌》을 읽으면 살인자인 주인공이 장례를 통해서 거듭나는 과정을 알게 됩니다. 목회자나 성도들 모두 장례를 보는 눈이 달라질 겁니다. 사실 이런 책들은 성경과 더불어 크리스천의 필독서라고 할 수 있지요."

이 목사는 일본의 우치무라 간조, 엔도 슈사쿠, 중국의 오경훈,

임어당 등 주로 동양권 사상가들로부터 영향을 받았다. 서구문화는 기독교 문화 속에 있었기 때문에 서구의 성인들이 기독교적인 삶을 사는 것은 자연스러운 일이다. 그러나 유교가 지배하던 동양권에서 기독교를 받아들이고 한 시대를 변화시키는 거목이 된다는 것은 참으로 대단한 일이 아닐 수 없다. 그래서 이 목사는 동양권 사상가들의 책을 찾고자 했고 거기서 보다 더 영향을 받았다.

물론 설교가로서 그에게 가장 큰 도움을 준 이는 예수님이다. 또한 자연이다. "하늘과 땅, 강과 바람, 낙엽 등 모든 자연이 하나님의 말씀으로 지어졌습니다. 그 말씀의 법칙 속에 있는 자연을 보며 말할 수 없는 영감을 얻지요."

이 목사는 종종 케이블TV를 통해 불교와 가톨릭 방송을 시청한다. 신부와 스님이 스스로가 옳다고 생각하는 진리를 어떻게 풀어서 설명하는지를 관찰한다. 하버드대를 나와 불교를 받아들인 후 현재 한국에서 포교 활동을 하는 현각 스님의 설법도 듣는다. 가톨릭 방송을 통해 신부들이 진리를 풀어 설명하는 태도와 방법 등에 대해서도 살핀다. 좋은 설교자가 되는 첫 걸음은 좋은 관찰자가 되는 것이다. 관찰하는 모든 것들이 설교에 필요한 좋은 학습 도구가 된다.

설교는 헌신입니다

많은 목회자들이 설교 후 강단에서 좌절감을 맛본다. 준비를 제대로 하지 못해서, 준비한 만큼 전달하지 못해서, 때론 청중들의 반응

"한 사람이라도 변화시키는 설교가 좋은 설교입니다. 예수님의 목회를 생각해보십시오. 그분이 평생 목회해서 정말로 변화시킨 제자들은 10여 명에 불과합니다. 그러니 우리가 좌절할 이유가 없는 것입니다."

이 썰렁해서이다. 이 목사도 설교하면서 좌절감을 느낀 적이 있을까? 있다면 언제 그런 좌절감을 느낄까?

"설교는 헌신입니다. 주님이 책임지실 것이라고 생각하기 때문에 설교를 끝내고 나서 크게 좌절했던 경험은 별로 없습니다. 제 주제를 잘 알기 때문에 주일 설교가 끝나면 '오늘도 나 같은 형편없는 사람을 주님이 도구로 쓰셨구나' 하며 감사할 따름이지요.

아, 생각해보니 1986년 신학대학원 2학년 때 설교로 좌절했던 적이 있네요. 영락교회 교우들의 자녀들을 앉혀놓고 설교를 하는데 안데르센 이야기를 하는 등 아무리 노력해도 반응이 없어 곤혹을 치렀습니다. 석 달이 지나서야 차츰 아이들과 소통하기 시작했지요. 그 후로 신학생들에게 '반드시 어린이들에게 설교를 해봐야 한다. 어린이들에게 통할 수 있으면 누구에게나 통하는 설교를 할 수 있다'는 이야기를 합니다."

현실적으로 설교는 많은 목회자들에게 부담이 아닐 수 없다. 좌절감을 느끼는 설교자들이 적지 않을 것이다. 이 좌절감을 타개할 수 있는 방법으로 이 목사는 나만의 스타일을 찾을 것을 제안한다.

"제가 아무리 노력을 해도 곽선희 목사님처럼 되지는 않습니다. 저는 이재철 목사지 곽선희 목사가 아니니까요. 마찬가지로 다른 분이 저와 완전히 똑같을 수도 없습니다. 누구나 자기 스타일이 있습니다. 하나님께서 주신 나만의 스타일 있다는 것을 믿는 것이 중요합니다."

실제로 이 목사는 외국의 명설교가에게 특별히 관심을 갖고 있지 않다. 혹 주위에서 책을 줘도 참고로만 간단히 볼 뿐이다. 심취

했던 설교 관련 책도 없다. 사실 의도적으로 국내외 설교자들의 책을 보지 않으려 한다. 그 이유는 무엇인가? 그의 설교에는 이미 '이재철이란 목회자에게 주어진 스타일'이 있기 때문이다. 그 스타일을 지키는 것이 중요했다. 워낙 쫓기는 시간 속에서 다른 사람들의 설교집을 읽기보다는 설교 준비에 유익한 일반 책들을 읽는 게 더 필요하다는 현실적인 이유도 있다.

"읽어야 할 책이 서재에 산더미처럼 쌓여 있는데 구태여 다른 사람의 설교집까지 읽을 필요가 있을까요? 교만해서 하는 얘기가 아닙니다. 실제로 시간이 제한되어 있어 어쩔 수 없이 그러는 것이지요."

그는 많은 설교자들이 좌절하는 이유를 '좋은 설교'에 대한 정의에 연결지어 생각한다. 지금처럼 사람들을 많이 모으는 설교를 좋은 설교라고 정의한다면 설교자들은 끊임없이 좌절할 수밖에 없다는 것이다. 지금 한국교회의 상황에서 사람들을 많이 모으는 설교는 전체의 1퍼센트도 되지 않을 것이기 때문이다.

"한 사람이라도 변화시키는 설교가 좋은 설교라는 사실을 깨닫는다면 설교자들의 생각이 달라질 것입니다. 예수님의 목회를 생각해보십시오. 그분이 평생 목회해서 정말로 변화시킨 제자들은 10여 명에 불과합니다. 그러니 우리가 좌절할 이유가 없는 것입니다.

가가와 도요히코는 일본 기독교 역사의 획을 그은 목회자입니다. 그런 그를 변화시킨 나가노라는 목회자가 있습니다. 그는 평생 목회하면서 가가와 도요히코 한 사람만 회심시켰습니다. 청중을 모으는 설교를 좋은 설교라고 정의한다면 그는 철저히 실패한 목회자였지요. 가가와 도요히코는 그가 개척한 교회의 첫 교인이었습니다. 어느 날 가가와 도요히코가 나가노 목사와 함께 밥을 먹다가 각혈을 합니다. 그는 폐병 환자였거든요. 그런데 나가노 목사는 아무렇지 않은 듯 피를 닦더니 다시 밥을 먹습니다. 그 모습을 보고 가가와 도요히코는 큰 감동을 받습니다. 당시 그는 신앙적으로 회의하며 자살까지 생각하는 상태였지만, 나가노 목사의 헌신적인 모습을 보고 진짜 크리스천이 되었습니다. 그 가가와 도요히코에 의해 일본 기독교는 부흥을 맞이합니다.

그렇다면 가가와 도요히코를 변화시킨 나가노 목사는 실패한 목사입니까, 아니면 성공한 목사입니까? 저는 그를 실패한 목회자로 보지 않습니다. 그는 어떤 목사보다 하나님으로부터 귀한 상을 받았을 것입니다. 설교에 대한 인식이 변화되면 목회자들이 좌절할 이유가 없습니다. 주님이 주신 내 스타일 속에서 최선을 다하면 되니까요."

먼저 좋은 자녀, 좋은 배우자가 되라

실제로 설교의 양이나 스타일, 학문적인 노력보다 설교자에게 더 중요한 게 있다고 이 목사는 강조한다. 바로 교인들과 나누는 삶이다. 목회는 하나님의 사명을 완수하기 위해 교인들과 더불어 사는 삶이다. 그런데 목회자가 교인들과 함께 삶을 나누는 시간이 없다면 아무리 좋은 설교를 한들 거기엔 생명이 없다는 것이다.

"목회자가 됐다는 것과 목회를 한다는 것은 같은 말입니다. 목회는 교우들과 더불어 사는 것입니다. 그래서 목회자는 어쩔 수 없이 교인들의 본으로 살아야 합니다. 예수님의 말씀을 듣고 '우리 다같이 이렇게 살아보지 않겠습니까' 라면서 선봉에서 살아가는 사람이 목회자입니다. 목회자의 진정성은 강단이 아니라 삶에서 드러나게 됩니다. 자신은 선봉에 설 생각이 없어도 교인들과 함께 살아가다보면 하나님에 의해 선봉에 서게 되는 사람이 바로 목회자입니다."

이 목사에 따르면 좋은 목회자가 되기 위해서는 먼저 어린 시절이 좋아야 한다. 어린 시절에 어른들에게 정상적인 사랑을 받은 사람이어야 한다는 것이다. 사랑을 못 받은 사람이 목회를 하면 사람들을 감정적으로 해칠 수 있기 때문이다. 다음으로, 좋은 자녀가 되어야 한다. 마지막으로, 좋은 남편 혹은 아내가 되어야 한다. 이 세 가지를 충족시키지 못한 사람들은 먼저 이 문제부터 해결해야 된다는 것이다. 어린 시절의 상처에서 회복되고, 오늘부터라도 좋은 남편과 아내, 좋은 자녀가 되기 위해 노력한다면 좋은 목회자가 될 자질이 생기는 것이다.

"대부분의 교회가 목회자를 찾을 때 이런 점을 보지 않고 학위나 조건 등 배경을 봅니다. 그러다보니 상처투성이 목회자가 넘치게 되는 것이지요."

이런 목회자들도 "나는 하나님의 뜻에 따라 목회를 하고 있다. 그러니 나를 따르라"고 교인들에게 말한다. 하나님의 뜻을 분별하는 능력이 절실한 대목이 아닐 수 없다. 성도들 역시 일상에서 하나님의 뜻을 알 수 있기를 갈망한다. 그렇다면 어떻게 그 하나님의 뜻을 알 수 있을까?

"하나님의 뜻을 분별할 때는 먼저 연속성이 있는지 보아야 합니다. 하루아침에 하나님의 뜻이 주어지는 것이 아닙니다. 사도 바울이 다메섹 도상에서 빛을 본 후 주님의 부르심에 따라 로마에 가기까지 무려 20년이란 긴 세월이 걸렸다는 사실을 기억하십시오. 또한 하나님의 뜻을 이야기할 때는 자기 헌신이 있어야 합니다. 하나님의 뜻에 순종하려면 반드시 희생이 따르게 마련입니다. 결과적으로 하나님께서 헌신한 사람들을 존귀하게 높여주시지만, 하나님의 뜻을 따른다고 말하면서 처음부터 다른 사람들보다 더 큰 유익을 찾는다면 '이것이 과연 하나님의 뜻인가' 한 번쯤 돌아보아야겠지요."

행동이 뒤따르는 회개

요즘 교회 내에서 가장 많이 쓰이는 단어가 부흥이다. 이 목사에 따르면 부흥은 사람들이 본질에 충실할 때 하나님께서 이루시는 역사이다. 그 부흥은 양적일 수도, 질적일 수도 있다. 중요한 것은 인간의 노력으로 부흥이 일어나는 게 아니라는 점이다.

"우리가 본질에 따라 살면 하나님께서 그 시대에 맞는 부흥의 모습을 펼쳐 가십니다. 본질에 충실하다는 것은 말씀에 따라 사는 것을 의미하지요. 복음 자체에 불순물을 넣지 말아야 합니다. 사욕을 위해 복음을 미끼로 사용해서도 안 됩니다. 복음은 미끼가 아니라 우리 삶의 목적 자체입니다. 이 점만 분명히 하면 하나님께서 우리에게 이 시대에 맞는 부흥을 내려주실 것입니다.

수십만 명의 사람들이 모여 회개하더라도 회개한 대로 각자의 삶의 처소에서 행하지 않으면 아무 소용이 없습니다. 성경은 자복과 회개를 구분합니다. 자복은 죄악을 고백하는 것입니다. 진정한 회개에는 반드시 행동이 따르게 마련입니다. 행동이 따르지 않는 죄악의 고백은 자복에 불과합니다. 우리는 이 사실을 알고 있습니다. 진정한 회개가 안 되는 것이 아니라 크리스천들이 세상에 물들어 회개를 안 하는 것입니다. 진심으로 회개한 교인들이 세상 속으로 나아가 빛과 소금된 삶을 사는 것이야말로 우리가 바라는 참된 부흥이 아니겠습니까?"

또한 이 목사는 한국교회가 너무나 감성적인 측면에만 치우치고 있다고 지적한다.

"흔히들 '지知, 정情, 의意'가 조화를 이뤄야 균형 있는 신앙이라고 말합니다. 순서가 중요합니다. '정, 지, 의'가 아니라 '지, 정, 의'입니다. 이성이 먼저 움직이고 그 다음에 감정이 따라갈 때 의지가 생깁니다. 이런 순서로 받아들인 신앙은 결코 변하지 않습니다. 순교까지 할 수 있는 것이지요. 그러나 감정이 먼저 가고 이성과 의지가 그 뒤를 따라갈 때는 감정의 변화에 따라 이성과 의지가 항상 뒤바뀌게 되어 있습니다.

역사적으로 한국의 기독교(개신교)는 너무나 감성적인 측면에 치우쳤습니다. 그러다보니 목회나 선교 등 모든 부분에서 문제가 분출되고 있는 것입니다. '정, 지, 의'의 신앙에서 '지, 정, 의'의 신앙으로 바뀔 때, 한국 기독교라는 열차는 올바른 궤도를 찾아갈 것입니다."

이 목사는 본질을 추구하는 사람이다. 크리스천 삶의 본질, 예배의 본질, 교회의 본질에 충실할 때 개인이 영적으로 성숙하고 교회가 참다운 부흥을 맞이할 것이라고 그는 강조한다. 크리스천 삶의 본질이 말씀으로 사는 것이라면, 예배의 본질은 나를 하나님께 드리는 데 있다.

"예배를 통해서 내가 죽는 것입니다. 예배 시간에 선포되는 하나님의 말씀 앞에서 내가 죽는 것입니다. 자기 부인을 통해 하나님을 만나고 그분과의 영적 접촉에서 새로운 힘을 얻어 한 주간의 인생 고비를 넘는 것이 바로 예배입니다. 요즘 예배를 보면 '하나님께 나를 드린다'는 부분을 소홀히 다루고 있습니다. '드린다'고 할 때 예배를 받으시는 주체는 하나님입니다. 그런데 요즘 예배는 참여하는 사람들을 위한 예배가 대부분이지요. 본질에서 벗어난 것입니다."

참다운 예배 회복을 위해서 그는 먼저 교회의 본질을 정확하게 해야 한다고 말한다. 교회는 시스템이나 외형적인 구조물이 아니라 하나님을 믿는 사람들의 모임이다. 그들은 세상과 구별된 사람들이다. 구별을 다르게 표현하면 거룩함이다. 세상과 구별되는 거룩함을 상실한 사람을 크리스천이라고 부를 수는 없다. 그러므로 거룩한 성도들이 드리는 참다운 예배는 본질적으로 거룩함과 무관할 수 없다.

"교회의 힘과 예배의 힘은 외형적인 데 있지 않습니다. 그 힘은 거룩함에 있습니다. 세상과 구별된 힘이 세상을 바꾸는 동력이 됩니다. 우리가 세상을 바꾸지 못하는 것은 세상과 구별된 예배를 드리지 않기 때문입니다. 교회가 세상과 구별될 때 굳이 개혁을 말하지 않아도 결과적으로 개혁이 따르게 마련입니다. 역설적으로 교회 지도자들이 개혁을 강조하는 것 자체가 지금의 교회가 힘을 잃었다는 증거입니다. 교회가 본연의 힘을 지니고 있다면 개혁이라는 말 자체가 필요 없겠지요."

교회여, 황제의 논리를 초월하라

이 목사는 이 땅의 크리스천들이 세상의 논리를 뛰어넘는 거룩한 진리의 법칙에 따라 살아야 한다고 강조한다. '황제의 논리'를 초월해야 한다는 것은 이 목사의 지론이다. 황제의 논리는 맘몬의 논리다. 그릇된 성공 논리다. 지금 한국 사회는 물론, 한국교회도 황제의 논리 속에서 허우적거리고 있다고 개탄한다. 교회가 세상의 소망이 되기 위해서는 황제의 논리가 판을 치는 세상에서 진리의 횃불을 들어야 한다고 주장한다.

"베드로는 예수님께 '주는 그리스도시요 살아계신 하나님의 아들'이라고 고백했습니다. 중요한 것은 가이사랴 빌립보라는 곳에서 그같이 말했다는 점입니다. 로마 황제의 신전이 있는 그곳에서 말이지요. 예수님은 황제의 논리가 판을 치는 그 도시에서 제자들에게 '로마 황제가 신이냐, 아니면 너희 눈에 보이는 내가 참 신이냐'를 물었던 것입니다. 베드로는 그런 곳에서 당시 행색이 거지나 다름없는 예수님께 '당신이 참 신'이라고 말한 것입니다. 세상을 압도하는 황제의 논리를 따르지 않고 거룩한 진리의 법칙을 따라 살겠다는 고백입니다. 그래서 주님은 그 고백 위에 나의 교회를 세우겠다고 하셨습니다.

교회사를 통틀어 교회가 황제의 논리를 초월할 때 세상을 바꾸었습니다. 그런데 오늘날 한국교회는 황제의 논리에 몰입되어 버렸습니다. 어느 시대이든 교회가 예수님의 진리 법칙만 따른다면 굳이 개혁을 말하지 않아도 교회 자체에 의해 역사는 밝아집니다. 그래서 참다운 교회는 세상의 소망이요 희망인 것입니다."

황제의 논리를 거부하기 어려운 이 세태 속에서 우리는 어떻게 해야 하는가? 이 목사는 그 해법으로 성경의 메시지를 찾으라고 한다.

"성경이 우리에게 주는 메시지가 있습니다. 어느 시대나 대다수는 황제의 논리를 좇아갑니다. 항상 깨어 있는 소수만 황제의 논리를 초월합니다. 오늘날의 세태 자체를 보면 절망하기 쉽습니다. '왜 너는 교회답지 못하느냐'고 비판하기보다는 내가 주님의 교회로 스스로 바로 서는 것이 중요합니다. 이것이 크리스천들에게 주어진 가장 시급한 명제입니다. 그런 사람들에 의해서 교회는 항상 새로워집니다. 그렇게 자신과 싸우는 사람에 의해서 세상은 바뀝니다. 우리가 싸울 상대는 밖이 아니라 나 자신입니다. 우리 각자가 좁은 문으로 들어가서 참다운 교회로 나 자신을 세우는 것만이 유일한 해결책입니다."

우리가 싸울 상대는 밖에 있는 것이 아니라 나 자신을 세우는 것이라고 풀이할 때, 결과적으로 세상의 불의나 부조리를 묵인하게 되는 것은 아닐까? 이에 대해서 이 목사는 단호히 말한다. 세상의 부조리를 묵인하는 것이 아니라 세상의 부조리에 물들지 않는 것이라고. 내 삶의 영역에서 모든 악한 것과 스스로 맞서는 것이 중요하다고. 정치인은 정치인대로, 기업인은 기업인대로, 교사는 교사대로 적어도 자신의 영역에서는 불의를 행치 않는 것이 필요하다는 것이다. 사실 나 스스로가 참된 교회로 바로 서는 데에 가장 적극적인 용기가 필요할지 모른다.

"세상이 거꾸로 가더라도 나 혼자는 바로 간다는 강한 결심이 필요합니다. 사람들과 더불어 같이 가기 위해선 용기가 필요합니다. 그러나 내 삶의 터전에서 스스로 진리의 사람으로 서기 위해선 더욱 진정한 용기가 필요합니다. 이 땅의 크리스천들이 그 같은 용기를 가지고 자신의 삶을 지킨다면 대한민국은 놀랍게 변화될 것입니다."

이 목사는 늘 땅 끝이 바로 우리가 서 있는 삶의 터전임을 강조한다. 하나님의 나라는 피안의 세계가 아니라 바로 우리 삶의 터전에 이뤄지는 나라임을 힘주어 말한다. '일상의 삶이 가장 위대한 화면'임을 강조한다. 스스로 한번 물어보자. "황제의 논리가 주도적인 세상 속에서 나는 진리의 법칙을 고수하며 살아가고 있는가? 적어도 그렇게 노력하며 살고 있는가?" 어려운 문제이다. 그러나 이 문제를 풀지 않고서 개인의 영적 성숙과 한국교회의 부흥을 이야기할 수 없을 것이다.

이 목사에게 인생은 '하나님과 더불어 언제 끝날지 모르는 먼 길을 가는 것'이다. 그 인생길에서 성공이란 살아있을 때 주어지는 것이 아니라 세상을 떠난 뒤 하나님께서 주시는 것이라고 그는 말한다.

인생, 하나님과 함께 먼 길 가는 것

이 목사는 불신자에서 신자로의 전환을 극적으로 체험한 사람이다. 인터넷에 보면 '이재철의 회심'이라는 글이 돌아다닐 만큼 그의 회심은 극적이었다. 세상의 불신자, 교회 내의 불신자에서 신자로의 전환을 경험한 이 목사가 말하는 신자는 누구인가?

"신자는 그리스도 안에서 신분이 바뀐 사람입니다. 한줌의 재로 끝날 허망한 인간이 영원한 존재로 신분이 바뀐 것입니다. 그런데 모든 신분의 변화에는 그에 걸맞은 수준이 요구됩니다. 신분에 걸맞은 수준을 유지하기 위해서 노력해야 합니다. 바뀐 신분을 즐거워만 하고 그 신분에 걸맞은 수준이 되기 위해 노력하지 않는다면 언젠가는 파탄에 처하게 됩니다.

사실 오늘날 한국교회는 바뀐 신분에 대한 기쁨만을 추구하는 것 같습니다. 그에 맞는 수준을 추구하지 않습니다. 21세기 한국교회는 하나님의 자녀다운 수준을 추구해야 합니다. 신분은 저절로 주어지지만 수준을 맞추려면 사도 바울이 날마다 자신을 쳐서 복종시키는 것과 같이 부단히 노력해야 합니다. 신분에 안주하는 사람은 하나님을 '나의 하나님'으로만 여깁니다. 하나님을 나의 전유물로만 생각합니다. 그러나 크리스천들이 탁월한 수준을 추구하면 하나님은 '우리의 하나님'이 됩니다. 하나님이 '우리의 하나님'이 될 때 우리는 서로의 다름을 인정하며 세상 잘못을 내 탓으로 생각할 줄 알게 됩니다."

신자는 예수님의 말씀대로 사는 사람들이다. 크리스천은 예수님의 말씀을 아는 사람들이 아니라 그 말씀대로 사는 사람들이다. 믿는다는 것은 아는 것을 넘어서 사는 것이다. 이 목사의 말은 상식과도 같다. 그러나 우리는 그 상식을 무시하며, 비상식을 상식적인 것으로 여긴다. 그래서 우리의 환경이 황제의 논리에 둘러싸여 있다고 말하는지 모른다.

"매일 우리는 새날을 맞이합니다. 일 년을 보내고 새해를 맞이합니다. 우리 모두 진짜 크리스천으로 새날과 새해를 맞이해야 합니다. 우리 중심이 확고하게 주님을 향해서 방향 설정이 되지 않으면 새날은 늘 지난날, 새해는 늘 묵은해의 연장선밖에 되지 않습니다. 새 것은 옆이나 밑에서부터 오지 않고 오직 위로부터만 옵니다. 주님과의 관계 속에서 이 땅의 모든 크리스천이 새로운 날들을 맞이해야 합니다. 언젠가는 우리 모두 세상을 떠나 하나님 앞에 서야 하는데 그때 후회가 없어야 합니다."

이 목사에게 인생은 '하나님과 더불어 언제 끝날지 모르는 먼 길을 가는 것'이다. 그 인생길에서 성공이란 무엇일까? 그에 따르면 성공은 살아있을 때 주어지는 것이 아니다. 한 인간이 세상을 떠난 뒤 하나님으로부터 주어지는 것이다. 따라서 지금 현재 눈에 보이는 성공, 소위 세상에서 말하는 성공은 진정한 성공이 아닐 수 있다.

이 목사는 자신이 세상적인 의미에서 성공했다고 생각하지 않는다. 그는 주님이 사로잡아주시기 전에 자신의 삶이 얼마나 형편없었는지 잘 알고 있다고 했다. 주님이 베풀어주신 그 사랑에 늘 더 잘해 드리지 못하고 있다는 미안한 마음으로 매일 살고 있다고 했다. 그래서 하루하루 감사할 수 있다는 것이다.

하나님과 더불어 언제 끝날지 모르는 먼 길을 가는 그 인생에서 설교자의 성공이란 그에게 어떤 것일까?

"설교자 역시 하나님 앞에 섰을 때 자신이 전한 설교로 인해 사람들이 진실로 바뀌었는지 알게 될 것입니다. 따라서 설교자의 성공 역시 결코 세상에서 판단할 성질이 아니지요. 성공의 유무는 하나님께서 평가해 주십니다. 성도 한 명을 놓고도 최선을 다해 설교해야 하는 이유가 바로 여기에 있습니다."

앞으로의 포부를 묻는 질문에 이 목사는 지난 시절의 목회를 자신의 실력으로 해왔다면 '앞으로 어떻게 하겠다'는 말을 할 수 있을 것이라고 했다. 그런데 자신은 스스로의 실력이나 능력을 잘 알고 있다는 것이다.

"제 능력으로는 도저히 안 되는 일이 제 앞에 일어났습니다. 또 다시 목회를 시작한다 해도 그저 그분께 맡기는 것 외에는 방도가 없습니다. '이렇게 목회를 해야겠다'는 의지는 전혀 없습니다. 미래에도 없을 것입니다."

좋은 교회를 넘어, 영광스런 교회로

―

정삼지

정삼지

서울 목동제자교회의 정삼지 목사에게 목회는 믿음의 원칙이 틀리지 않다는 사실을 발견해나가는 과정이다. 지난 시절 그가 경험한 목회 현장은 끊임없이 맑음과 흐림, 고요함과 뇌성벽력이 교차하는 치열한 터전이었다. 이 험난한 바다를 항해하는 방주의 선장인 목회자에게 필요한 것은 믿음이었다. 1988년 정 목사가 믿음으로 여덟 가정과 청년 신자 15명으로 시작한 목동제자교회는 매년 평균 115퍼센트의 성장을 거듭, 20년이 지난 2008년 현재 등록 성도 1만여 명의 대교회가 됐다. 제자교회는 신학의 실험장이며 믿음의 원칙을 실증하는 아름다운 공동체다. 지난 세월 교회를 세우고 키워오기까지 이른바 단맛 쓴맛 다 보며 목회를 해온 정 목사가 말하는 본질의 교회, 설교, 목회에 관한 이야기를 들어본다.

정삼지

교회, 이 땅의 유일한 희망이자 대안

서울 목동 제자교회 정삼지 목사에게는 마음 깊이 간직한 영적 구호가 있다. 바로 '좋은 교회를 넘어, 영광스런 교회로' 라는 구호이다. 그는 이 땅의 교회가 기독교계는 물론 사회와 세계를 변혁시키는 영광스런 교회가 되기를 꿈꾸고 있다.

위대한 교회는 주님의 뜻에 전적으로 순종하는 교회이다. 복음으로 변화된 성도들이 세상에 나가서 '생육하고, 번성하며, 땅에 충만하라' 는 주님의 명령을 수행하는 교회이다. 당연히 전투적이고 영적 모험을 즐기는 교회이다. 성도들이 '어장 안의 고기' 가 아니라 태평양의 검푸른 파도를 헤치고 치솟는 활어가 되어 세상이라는 바다를 정복하는 교회이다.

세상이 아무리 교회를 비난할지라도 그에게 교회는 이 땅의 유일한 희망이자 대안이다. 정 목사는 미국 시카고 윌로크릭커뮤니티교회 빌 하이벨스 목사의 다음과 같은 말을 좋아한다.

"세상에는 여러 가지가 필요합니다. 돈과 교육, 문화와 법, 스포

츠와 연예…. 사람들은 이런 것들이 자신들을 만족시켜준다고 생각합니다. 그러나 이런 것들이 결코 할 수 없는 한 가지가 있습니다. 그것은 사람을 변화시키는 것입니다. 교회는 그 일을 할 수 있습니다. 교회는 복음을 통해 사람을 변화시킬 수 있습니다. 그래서 교회는 세상의 희망입니다. 따라서 여러 문제에도 불구하고 교회는 세상에 존재할 가치가 충분히 있습니다."

그는 하이벨스 목사의 이 말을 자랑스럽게 생각한다. 교회가 이 땅의 어떤 것들도 할 수 없는 '변화'의 주체가 될 수 있다면, 그리고 실제 그 일이 교회 내에서 일어나고 있다면 누가 뭐래도 교회는 세상의 희망으로 존재한다는 것이 정 목사의 지론이다. 그래서 그저 존재하는 데 급급한 교회가 아니라 세상에 희망을 전하는 위대한 교회를 만드는 데 매진했다.

자네, 오늘 죽으면 천국 갈 수 있겠는가?

정 목사는 신학생 시절까지 포함하면 30년 이상 사역의 길을 걸었다. 총신대 1학년 2학기 어느 날, 인생의 선배이자 멘토였던 박기호 목사(미국 풀러신학교 교수)가 정 목사에게 한마디를 건넸다. "자네, 오늘 죽으면 천국 갈 수 있겠는가?" 그 말은 벼락같이 정 목사의 뇌리를 쳤다. 한 번도 들어본 적이 없던 인생의 본질적 질문에 그의 자아는 무너졌다. 박 목사는 그에게 네비게이토 선교회에서 사용하던 다리 예화를 들려주며 복음을 전했다. 그날 정 목사는 예수 그리스도를 인생의 구주로 영접했다. 신학교에 입학했지만 그때까지 그는 불신자나 다름없었다. 이른바 교회당 내 불신자였다. 10년 넘게 교회를 다녔고 은혜를 받았기 때문에 신학교까지 왔건만, 정작 예수님과 인격적인 만남을 갖지 못했던 것이다.

정 목사는 그날 이후 박 목사가 몸담고 있던 네비게이토 선교회에서 양육과 훈련을 받았다. 70년대 초, 선교회는 영적 기갈에 허덕이던 그에게 생수를 전달해주었다. 매일 아침마다 큐티를 하고 성경 구절을 외우며 소그룹 성경공부에 참여했다. 훈련의 기쁨은 달고 달았다. 믿음은 나날이 성장했다. 그는 점차 배우는 자에서 가르치는 자가 되었다. 대학생들을 양육하며 캠퍼스 사역에 헌신했다. 신학교를 졸업할 때까지 6년여를 선교회에서 지냈다. 그 안에서 복음의 전사로 자라났다.

당시 그는 캠퍼스 전도와 선교에만 관심을 두었다. 새벽 이슬 같은 청년 학생들에게 복음을 전하며 평생을 지내려고 생각했다. 한국교회나 목회에 대해서는 별다른 관심을 두지 않았다. 신학교를 졸업해도 목회를 할 생각은 없었다. 더구나 개척은 꿈도 꾸지 않았다. 구원의 확신 없이 교회 생활을 했던 지난날들을 생각하니 제도권 교회가 참으로 한심하다는 생각마저 들었다. 교회를 건축할 돈이 있으면 차라리 그 돈으로 이웃을 돕거나 선교를 해야 한다고 생각했다. 그러나 그는 결국 자신이 회피했던 목회와 개척, 교회 건축, 이 세 가지 일을 모두 하게 되었다.

신학교를 졸업한 이후 그는 공군 정보부대에서 군목으로 군 생활을 했다. 군목을 마친 후에는 평소 꿈대로 연세대학교 의과대

정 목사는 젊은 시절 자신이 경험한 양육과 훈련을 목회의 두 기둥으로 삼았다. 젊은 시절 선교단체에서 받은 훈련은 하나도 버릴 것이 없었다. 그 훈련이 지역교회에서도 고스란히 사용되었다. 제자훈련을 통해서 사람들이 변화되고 변화된 성도들은 다시 지도자로 세워졌다.

학에서 캠퍼스 사역을 시작했다. 혼신의 힘을 다해 학생들에게 복음을 전하고 다녔다. 그러던 어느 날 세브란스 병원 정문을 들어설 때 하나님의 선명한 음성이 들려왔다. "나의 사랑하는 종 삼지야, 너는 내가 지상의 교회를 얼마나 소중하게 생각하는 줄 알고 있니?"

"오늘 죽으면 천국에 갈 수 있느냐"는 선배 목사의 질문처럼 그와 같은 하나님의 음성은 그의 마음판에 뚜렷하게 새겨졌다. '그래, 하나님이 그렇게도 소중하게 생각하는 지상의 교회를 발견해 보자'라는 생각이 들었다. 하나님이 자신을 도구로 써서 성경에 나와 있는 '바로 그 교회'를 이루게 하실 것이라는 확신이 들었다. 제도권 교회를 부인했던 그는 하나님의 음성을 통해 새로운 교회관을 정립하게 되었다.

쓰라린 시행착오를 거치며

1986년 1월 첫째 주에 정 목사는 몇 명의 연세대학교 의대생들과 함께 서울 청담동 우리 아파트에서 제자교회를 개척했다. 몇 개월 후에는 대치동 은마아파트 상가로 교회를 이전했다. 목회를 안 하겠다고 결심했던, 더구나 개척에는 치를 떨었던 그가 개척 목회를 시작한 것이다.

하나님의 음성을 듣고 시작한 목회였다. 선교회에서 강도 높은 훈련도 받았다. 일단 교회간판만 달면 구름같이 성도들이 몰려올 것 같았다. 그러나 그것은 환상이었다. 정 목사의 초기 목회는 처절한 실패로 끝났다. 사실 선교단체식의 양육과 훈련은 그가 알고 있는 전부였다. 목회는 종합 예술과 같다. 목회 현장에는 수많은 변수가 존재한다. 목회자는 오케스트라의 지휘자 역할을 해야 한다. 목회의 길에는 양육과 훈련 외에 생각해야 할 요소들이 너무나 많다.

그러나 정 목사는 그 이외의 생각은 해보지도 않았다. 신학생 때에는 수업에 별반 관심을 두지 않았다. 선교회 훈련을 받기 위해서 수업을 빼먹기 일쑤였다. 애초에 그는 선교단체식 훈련을 통해 청년 사역의 모델이 되는 교회를 일궈보겠다는 생각을 했다. 청년들을 훈련시키면 몇 년 지나지 않아 교회가 크게 부흥하리라고 확신했다. 그러나 강남에서 개척한 지 정확히 2년 만에 교회는 문을 닫아야 했다. 목회 초기부터 너무나 큰 좌절을 겪은 것이다.

그는 교회 문을 닫으면서 정말로 자신이 목회에 적합한 사람인지 수없이 자문했다. 과연 목회자로서 자신에게 희망이 있는가 묻지 않을 수 없었다. 패기만만하게 개척 목회를 시작했지만 한번 실패를 하고 보니 자신감이 사라졌다. 목회를 어떻게 해야 하는 것인지 가늠조차 하기 힘들었다.

모든 것을 포기하고 싶은 순간에 하나님은 그에게 다시 용기를 불어넣어주셨다. "나를 전적으로 의지해보렴. 나와 다시 시작하지 않겠니?" 정 목사는 그 음성에 대답했다. "네, 하나님, 저와 다시 시작해주십시오."

그는 1988년에 강남을 떠나 목동으로 목회지를 옮겼다. 목동의

한 상가에서 제2의 개척을 했다. 지역교회에서 선교단체식 제자훈련을 실시하는 것에 한계가 있음을 절감한 그는 이제 사역 방향을 바꾸었다. 청년 중심의 제자훈련에서 장년 중심의 교회사역으로 전환한 것이다. 물론 어떤 경우에도 철저한 제자훈련을 실시했다.

양육과 훈련을 목회의 두 기둥으로 삼아

정 목사에게 목회는 하나님이 맡겨주신 양들을 돌보는 것이다. 목회자는 설교와 심방, 제자훈련 등 각종 방법을 통해 지속적으로 성도들을 돌봐야 한다.

목회를 하면서 살펴보니 교회를 찾는 이들 다수가 세상살이에 지치고 상처투성이가 된 사람들이었다. 거의 대부분이 무거운 짐을 안고 살아가고 있었다. 그들에게 필요한 것은 사랑의 돌봄이었다. 그러나 돌보는 것만으로 그쳐서는 무언가 부족하다. 목회자는 자신에게 맡겨진 성도들이 성장하도록 도와줘야 한다. 그들이 어린아이에서 청소년으로, 시간이 가면 장년으로 자라서 자신들에게 부여된 믿음의 몫을 감당하도록 해야 한다. 언제까지나 어린아이의 상태에 머무르게 해서는 안 된다.

교회는 반드시 주님의 지상명령을 성취해야 한다. 교회들마다 선교 과업을 지니고 있는데, 목회자는 교회에 부여된 선교 과업을 수행할 수 있는 영적 군사로 성도들을 키워야 한다. 주님의 뜻이라면 무조건 순종하게 해야 한다. 늘 주님의 기분을 살피는 성도들이 될 수 있도록 해주는 것이 목회이다.

이런 일을 잘 감당하기 위해 목회자는 먼저 다음 사항들을 반드시 갖춰야 한다고 그는 말한다.

- 구원의 확신
- 확실한 소명 의식
- 하나님과의 인격적인 교제
- 말씀의 능력
- 거룩하고 경건한 인격
- 영적 통찰력
- 구령의 열정
- 리더십
- 책임감과 희생 정신

정 목사는 젊은 시절 자신이 경험한 양육과 훈련을 목회의 두 기둥으로 삼았다. 그 틀을 기초로 하나님의 비전을 이뤄드리고자 했다. 사람을 세우고, 교회를 굳건히 하며, 하나님의 나라가 이 땅에 도래할 수 있게 하는 것, 세상을 치유하고 변혁시키는 것에 일생을 걸고자 했다. 젊은 시절 선교단체에서 받은 훈련은 하나도 버릴 것이 없었다. 그 훈련이 지역교회에서도 고스란히 사용되었다. 목회를 하면서 '이때를 위해 그때 지독한 훈련을 받게 하셨구나' 라는 생각을 새삼 하게 되었다.

선교회에서 정 목사는 치열하게 제자훈련을 받았다. 제자훈련의 힘은 지속력에 있다. 목동 제자교회에서 하루하루 제자훈련에 전념하다 보니 점차 열매를 거두게 되었다. 제자훈련을 통해서 사람들이 변화되기 시작했다. 변화된 성도들은 다시 지도자로 세워졌다. 지금 제자교회의 제자훈련은 교회의 울타리를 벗어났다. 교회는 제자훈련을 체계화한 DNA Discipline Nurture Assurance 지도자 세미나를 매년 두 차례씩 개최한다. 이 세미나에는 한국은 물론 해외 목회자들까지 참여하고 있다. 지금까지 4,000여 명의 목회자들이 DNA 지도자 세미나에 참석해 훈련을 받았다.

사람들의 변화는 언제나 정 목사를 흥분시킨다. 그는 이 땅의 목회자들이 교회의 크기와는 상관없이 성도들의 변화를 견인할 수 있다면 성공적이고 행복한 목회를 하고 있다고 생각한다. 복음을 전했을 때 사람들은 변한다. 그것이야말로 하나님이 교회를 통해 이루기 원하시는 기적이다. 불신자가 복음을 받아들이는 기적이 매일 일어나고 있는 교회야말로 살아있는 교회이다. 정 목사는 하나님이 자신에게 부여한 사명은 대형교회 목회가 아니라 복음 전파라고 믿는다. 목회 현장에서 복음의 살아있는 능력을 경험할 때마다 그는 자신이 목회자로서 살아있음을 느낀다.

목회, 믿음의 원칙이 틀리지 않음을 발견해가는 과정

정 목사는 목회를 하면서 목회자로서 경험할 수 있는 쓴맛과 단맛들을 모두 체험했다. '맨땅에 헤딩하듯' 시작한 개척은 너무나 힘들었다. '개척은 아무나 하는 것이 아닌데' 라는 후회도 여러 차례 했다. 혹 주위에 개척하려는 목사가 있다면 도시락 싸들고 말리고 싶은 생각마저 들었다. 당시 가장 부러웠던 사람은 개척의 아픔 없이 기존 교회에 청빙받아 부임한 목회자들이었다. 하도 힘들어 한강변에 나와 흐르는 강물을 보면서 '나도 언젠가는 제대로 된 목회를 할 수 있을까? 갖출 것 다 갖추고 목회하는 날이 과연 내게 올까' 라는 생각을 했다. 수없이 많은 날들을 하나님과 씨름했다. 분명 하나님이 자신을 목회자로 부르셨다는 확고한 생각으로 나약함을 떨쳐냈다. 목동 제자교회가 점차 안정을 찾고 성장해나 갈 때에도 초심을 잃지 않으려고 철야 기도하고 금식했다.

상가에서 개척한 지 5년 만에 목동 중심부에 교회당 부지를 구입했을 때에는 세상이 모두 내 것 같았다고 그는 말한다. 예배 때마다 찬송가 382장 "허락하신 새 땅에 들어가려면…"을 불렀다. 그러나 '그 땅'에 들어가기까지 수많은 어려움을 겪었다. 드디어 건축을 위한 첫걸음을 내딛고 희망에 부풀어 있을 때 중요한 역할을 해야 할 사람들이 교회를 떠나는 일이 일어나기도 했다. 교회를 떠날 때는 모두가 한마디씩 남겼다. 대부분 상처 되는 말들이었다. 목회 경험이 부족했던 시절이었다. 마음 관리도 제대로 하지 못했다. 정 목사 부부는 그 수많은 말 때문에 상처를 입고 뜬 눈으로 밤을 새우기도 했다. 힘든 터널을 통과했다.

하나님의 은혜로 건축이 잘 진행되어 입당을 눈앞에 두었지만 갑자기 터진 IMF 사태로 위기가 왔다. 건축비 대부분을 은행에서 융자 받았기 때문에 도저히 견디기 힘든 치명적인 이자를 내야 했

정삼지 목사가 미국 패서디나에 있는 풀러신학교 총장 집무실에서 리처드 마우 총장, 김세윤 박사 등과 자리를 함께 했다. 마우 총장과 김 박사는 세계적인 신학자로 정 목사와 긴밀한 관계를 유지하고 있다. 정 목사는 풀러신학교에서 목회학 박사학위를 취득했으며, 현재 풀러신학교 이사로 있다.

다. 주위에서 "제자교회가 결국 부도났다"는 소리가 들려왔다. 교회 건축은 함부로 해서는 안 된다는 사실을 절감했다. 수많은 우여곡절 끝에 새 예배당이 완공되었다. 꿈 같은 새 예배당에서 꿈 같은 예배를 드리게 되었으나 꿈 같은 기간을 부도 위기와 싸워야 했다. 추웠다. 목회는 항상 살얼음판을 걷는 것 같았다.

정 목사가 경험한 목회 현장은 끊임없이 맑음과 흐림, 고요함과 뇌성벽력이 교차하는 치열한 현장이었다. 이 치열한 바다를 항해하는 방주의 선장인 목회자에게 필요한 것은 믿음이었다. 모든 위기의 순간에서 '믿음으로 결단하며 하나님 중심으로 결정을 내렸을 때' 결과적으로 고통의 바다를 무사히 건너갈 수 있었다. 목회자에게 목회는 믿음의 원칙이 결코 틀리지 않다는 사실을 발견하는 과정이었다. 그 사실을 발견할 때 말로 형용하기 힘든 기쁨이 찾아온다.

생명만이 또 다른 생명을 건진다

제자교회는 IMF를 맞아 이자도 제대로 내지 못하는 상황 속에서도 선교비를 줄이지 않았다. 사역자들에게 사례비를 주지 못했지만 선교사들에게는 믿음으로 선교비를 보냈다.

IMF 위기를 가까스로 통과하고 한숨 돌릴 때 한국교회가 세운 몽골 국제대학교(MIU)가 부족한 건축비로 문 닫을 위기에 처해 있다는 소식이 들려왔다. 정 목사는 몇몇 장로들과 함께 울란바타르를 방문하여 현장을 둘러보았다. 보지 않았다면 모르겠지만 본 이상 그곳의 형편을 외면할 수 없었다. 눈 덮인 게르(몽골인의 전통 가옥) 안에서 기도하며 시작한 학교였다. 몽골에 푸르디푸른 그리스도의 계절이 오게 하기 위해서 만든 학교였다. 이 학교가 문을 닫으면 그 책임은 모두 제자교회가 질 것 같은 생각이 들었다. 그래서 일단 돕고 보자고 결단을 내렸다.

당시 제자교회는 무려 100억 원에 달하는 빚을 지고 있었다. 모두 건축 과정에서 파생된 빚이었다. 그럼에도 7억 8,000만 원을 은행에서 융자 받아 몽골 국제대학교에 보냈다. 믿음에 따른 결단이었다. 믿음의 결정은 어렵다. 특히 개인이건, 교회건 돈과 관련된 결정은 더욱 어려운 법이다. 그러나 믿음의 결정 이후 놀라운 하나님의 은혜를 체험한다. 하나님의 법칙이다. 그 법칙은 제자교회에도 그대로 적용되었다. 몽골 국제대학교를 믿음으로 후원한 이후 제자교회에는 매년 1,000명 이상씩 성도들이 늘었다. 성도들이 늘면서 점차 재정 위기에서도 벗어날 수 있었다.

정 목사에게 신앙은 모험이다. 모험하는 동안 위기가 찾아온다. 짜릿한 쾌감도 있다. 위기 가운데 하나님을 경험하는 것은 어떤 일보다 흥미롭다. 제자교회는 지금 대형교회를 향해 달리고 있다. 도처에서 한국교회가 침체기에 접어들었다고 아우성치지만 제자교회는 나날이 흥왕하고 있다. 최근에는 경기도 파주에도 대형 수양관을 건축하고 있다.

이런 과정을 지켜보면서 그가 깨달은 것이 있다. 그동안 개척도 해보고 건축도 해보고 지금은 수양관을 짓고 있는데, 이 모든 것들에는 공통점이 있다는 것이다. 이 모든 일이 목회자의 생명을 건 희생 없이는 되지 않는다는 사실이다. 목회의 중요한 고비마다 하나님은 생명을 요구하셨다. 그냥 되는 것은 아무것도 없었다. 사람들의 변화도 그저 시간이 지나면 이뤄지는 것이 아니었다. 맡겨주신 성도들을 하나님의 사람으로 변화시키고야 말겠다는 목회자의 강한 의지가 있어야 했다. 제자훈련에도 생명을 걸어야 했다. 오직 생명만이 또 다른 생명을 건질 수 있다는 사실을 체험한 지난 시기였다.

설교자의 영광을 회복하라

정삼지 목사는 평소 한국교회 강단에 설교의 카리스마가 사라졌다고 개탄한다. 한국교회가 되찾아야 할 것 가운데 하나가 설교자의 영광이다. 그에게 설교란 하나님의 말씀을 하나님의 백성들에게 선포하는 것이다. 교회의 역사는 설교의 역사라고 할 수 있으며 설교는 목회의 생명과도 같다. 정 목사는 목회에서 무엇보다도 설교를 중시한다.

"예수님은 설교로 사역을 시작하셨습니다. 예수님의 제자들도 설교와 함께 교회의 문을 열었습니다. 예수님께서 베드로에게 목회를 위임할 때 부탁하신 사항은 양을 먹이라는 것이었습니다. 따라서 목회자의 최대 사명 가운데 하나는 설교하는 것입니다. 복음을 전하는 것입니다. 따라서 설교 없는 목회는 도저히 이뤄질 수 없습니다."

그가 교회사를 살펴볼 때, 교회는 설교와 함께 흥하고 설교와 함께 쇠했다. 교회는 선포되는 설교 이상의 교회가 될 수 없었다. 하나님의 말씀이 확실하고 능력 있게 증거되던 시대에 교회는 바르게 성장했다. 그러나 강단에서 설교자의 영광이 사라졌을 때, 설교의 능력이 상실된 시기에는 교회가 성장을 멈추었다. 결국 그런 교회는 사회와 국가에도 아무런 영향을 끼칠 수 없었다. 정 목사는 지금 한국교회가 사회에 별다른 영향력을 미치지 못하고 오히려 세상의 비난을 받고 있는 이유는 진정한 설교의 부재 때문이라고 진단한다.

설교의 세 요소를 설교자와 메시지와 청중으로 볼 때, 바른 설교는 메시지와 연관을 지을 수 있고 좋은 설교는 그 메시지를 듣는 청중과 관련해 생각할 수 있다. 정 목사에 따르면 바른 설교란 하나님의 말씀이 일점일획이라도 왜곡되지 않게 전해지는 설교이다. 모든 설교는 성경으로부터 나와야 한다. 성경을 떠난 설교는 설교일 수 없다. 설교자는 성경을 바르게 풀어 하나님의 백성을 그 말씀으로 바로 세워야 한다. 이것이 설교의 목적이다. 설교의 목적을 이루기 위해서는 먼저 청중들이 하나님 말씀을 분명히 이해해야 한다. 그리고 그 말씀을 삶에 적용해야 한다. 그리고 변화된 삶을 살아야 한다. 이런 단계를 거치는 설교야말로 바른 설교이다. 그렇다면 설교자의 영광은 어디에 있는가? 바로 선포된 말씀을 통해 청중들이 변화된 삶을 살아 세상을 변화시키는 주님의 제자가 되는 데 달려 있다.

설교자는 말씀에 대해서는 결코 타협해서는 안 된다고 그는 강조한다. 도처에서 설교의 위기가 거론되는 것은 설교자가 설교의 핵심인 케리그마를 잃어버린 채 세상과 타협하고 있기 때문이라고 지적한다. 정 목사에 의하면 지금 이 땅의 많은 설교자들이 기복주의 및 성공주의와 타협했다. 복음의 본질을 외면하고 있다. 설교의 영광을 회복하기 위해서는 교인들이 듣기 좋아하는 설교보다는 하나님이 선포하고자 하시는 설교를 해야 한다.

설교의 영광을 회복하기 위해서는 설교자가 맑은 삶을 살아야 한다. 설교는 설교자라는 파이프를 통해서 흘러간다. 메시지는 메신저에 의해 강한 영향을 받는다. 같은 내용이라도 누가 전하느냐에 따라 결과는 크게 달라질 수 있다. 결국 설교자의 거룩한 삶과 인격이 설교에 그대로 투영된다. 아무리 화려한 말을 하더라도 설교자의 인격과 괴리된 설교는 궁극적인 힘을 발휘할 수 없다.

동시에 설교는 말씀과 삶을 연결시켜주는 고리가 되어야 한다. 설교자는 선명한 복음을 제시하는 동시에 청중들이 이 세상을 변화시키는 주역으로 살아가는 데 도움이 되는 설교를 해야 한다.

정 목사는 설교 때마다 복음을 선명하게 전하려 한다. 그러면서 성도들이 이 땅에서 희망을 갖고 살아갈 수 있는 긍정적 설교를 하려 노력하고 있다. 그는 교회에 출석하고 있는 성도 가운데는 수많은 '교회당 내 불신자'들이 있다고 생각한다. 그 스스로가 신학교에 입학했지만 정작 생명의 복음을 알지 못했던 경험이 있기에 불신자들에게 복음을 전하는 중요성을 깊이 인식하고 있다.

목사가 된 이후 그는 사람들이 복음을 받아들여 매일의 삶에서 하나님을 경험하는 확신 있는 신앙인이 되도록 돕겠다고 결심했다. 그에게 복음은 희망이다. 복음 안에서 모두가 새롭게 거듭날 수 있다. 그래서 그는 절망하는 사람들에게 복음을 통해 새로운 힘을 주고 싶었다. 신앙생활을 하는 성도들이 이왕이면 확신 있는 크리스천으로 살아가도록 도와주고 싶었다. 그는 성도들이 험난한 세상살이 속에서도 인생의 희망과 목적을 갖고 사는 것을 볼 때 감격한다. 성도들이 어려움 가운데서도 말씀을 붙잡고 승리하며 살아가려고 애쓰는 장면을 보는 것이야말로 설교자가 누리는 영광이요, 특권이다.

노력 없이 이뤄지는 것은 아무것도 없다

그는 강해설교를 하고 있다. 성경이 원래 의도하는 바를 정확하게 파악하여 오늘의 삶에 적용하도록 도와주는 강해설교는 가장 성경적인 설교라 할 수 있다. 그가 강해설교를 귀하게 여기는 이유는 성경 말씀만이 삶을 변화시키기 때문이다.

정 목사는 천성적으로 내성적인 성격이다. 말하기를 좋아하기보다는 부담스러워하고 주저하는 편이다. 목회 초기에 그는 낯이 뜨뜻해지는 시행착오를 많이 했다. 노력과 훈련을 통해서 성장하고 발전하게 되었지만 자신이 타고난 설교자는 아니라고 생각한다. 그러나 그가 한 가지 분명하게 깨닫는 것은 강단에 설 때마다 하나님께서 자신을 붙잡아 사용하신다는 사실이다. 강단에 설 때마다 그는 하나님의 임재를 체험한다. 사실 설교자의 기능적 탁월성보다는 설교 준비와 전달의 전 과정에서 하나님의 임재를 깨닫는 것이 더욱 중요하다. 설교자는 언제나 하나님이 자신을 말씀의 전달자로 부르셨다는 인식을 하는 게 중요하다고 그는 말한다. 부르심에 대한 확신이 있을 때에만 하나님의 능력 안에서 온전한 설교를 할 수 있기 때문이다.

설교자들은 끊임없이 자신의 설교를 향상시키기 위해 노력해야 한다고 그는 강조한다. 노력을 통해서 누구나 어느 정도 기본은 할 수 있다. 노력하지 않아서 드러나는 설교자의 무능함은 결코 용서받을 수 없는 것이라고 그는 말한다. 설교자가 바른 메시지를 준비하는 것은 기본이다. 동시에 설교자는 청중들의 눈과 귀를 집중시키는 능력이 있어야 한다. 탁월한 전달 능력으로 성도들에게 메시지를 먹여야 한다. 전달에 실패한 설교는 아무리 내용이 좋아도 실패했다고 할 수 있다. 정 목사는 그 같은 전달 능력도 노력을 통해서 어느 정도는 해결될 수 있다고 말한다.

그는 설교자들은 이 시대의 탁월한 설교자들의 설교를 연구하고 배워야 한다고 강조한다. 한때 그는 미국 그레이스커뮤니티교회 담임 목사이며 매스터신학교 학장인 존 맥아더 목사의 성경 강해에 푹 빠졌다. 맥아더 목사는 '성경 해석에 관한 한 미국 최고의 설교자'라는 평을 받고 있는 목회자이다. 그는 맥아더 목사의 탁월한 본문 다루기를 깊이 연구했다. 미국 풀러튼제일교회 담임 찰스 스윈돌 목사의 풍성한 적용이 어우러진 설교도 좋아한다. 맥아더 목사와 스윈돌 목사를 조합한 설교를 하려고 노력했다. 국내 설교가

로는 이동원, 하용조, 홍정길, 옥한흠 목사의 설교를 좋아한다. 이들의 설교를 자주 들으면서 균형을 갖고자 노력하고 있다.

그는 설교자라면 마틴 로이드 존스의 《설교와 설교자》, 해돈 로빈슨의 《강해설교》, 존 맥아더의 《신약주석》과 《강해설교의 재발견》을 읽어야 한다고 추천한다. 다시 신학생 시절로 되돌아간다면 학창 시절을 성경 본문 연구와 기름 부으심을 위한 기도에 바치고 싶다고 말한다.

사실 절절한 노력 없이 이뤄지는 것은 하나도 없었다. 성도들로 하여금 듣지 않으면 손해 본다는 생각을 하게 만드는 설교, 오늘을 고민하며 살아가는 현대인들의 폐부를 찌르는 설교, 이 시대의 다양한 물음에 성경적인 해답을 제시하는 설교를 하기 위해서는 설교 준비에 피와 땀과 노력을 바쳐야 한다고 그는 믿는다.

정 목사가 말하는 '좋은 설교자가 되기 위한 요건'은 좋은 목회자가 갖춰야 할 요소와 비슷하다. 구원의 확신과 구령의 열정, 확실한 소명의식, 성령의 기름부으심, 교회론에 대한 올바른 이해와 교회 사랑 등…. 여기에 현실과 사회에 대한 탁월한 감각, 능숙한 언어적 준비, 청중을 이끄는 리더십 등이 추가된다. 그러나 여러 요건들보다 더욱 중요한 것은 품격이다. 정 목사는 목회자의 품격, 설교자의 품격이야말로 목회와 설교를 빛나게 해주는 보석과 같다고 말한다. 품격은 자연스럽게, 저절로 느껴지는 품위이다. 목사의 품격은 어디서 올까. 화려한 말씀과 기적 같은 영력에서 나오는 것은 아닐 것이다. 정 목사에 따르면 끊임없이 자기를 부인하는 낮아짐의 자세에서 품격은 나온다. 고독 가운데 주님을 대면하는 깊은 영

앞으로도 정 목사는 하나님이 보여주신 '그 길'을 가려고 한다. 복음으로 사람을 세우고, 교회를 세워 세상을 치유하고, 변화시키는 사역을 변치 않고 할 것이다. 그래서 이 어두운 시절에 교회야말로 세상의 유일한 희망이라는 사실을 실증하려고 한다.

성에서 나온다. 그 같은 품격 있는 목사를 사람들은 존경한다. 품격 있는 목사를 통해 가장 높은 품격의 소유자이신 예수 그리스도를 발견할 수 있기 때문이다.

최근 정 목사는 주제별 강해설교를 하고 있다. 주제를 정하고 거기에 맞는 내용을 찾아 5회에서 7회 정도 강해설교를 한다. 주제별 강해설교의 장점은 내용상 핵심이 분명해진다는 데 있다. 또한 주제별로 일목요연하게 정리할 수 있기에 설교자가 시간이 지난 다음에 자신의 설교가 얼마만큼 진보했는지 확인할 수 있다.

주제별로 성경 본문을 찾아서 엮는 데 적지 않은 시간이 소요된다. 이때 도움이 되는 책들을 참조한다. 주제별 강해설교를 할 경우에는 목회자가 설교 스트레스에서 상당히 탈피할 수 있다. 5회에서 7회 정도 설교 주제가 결정되기 때문이다. 무슨 설교를 해야 할지 고민을 하지 않는 것만으로도 설교의 부담을 대폭 줄일 수 있다. 그는 A4용지 5장 분량으로 설교문을 거의 완전하게 작성한다. 강단에 오르기 전에는 설교문 전체의 흐름을 숙지한다. 요점은 암기한다. 완벽한 준비를 해놓고 필요할 때마다 원고를 참조한다.

설교 전달 시에는 가급적이면 단문을 사용한다. 되도록이면 쉬운 단어를 사용한다. 어린아이가 듣더라도 알아들을 수 있는 설교를 하려 한다. 설교자의 입장에서는 자신이 무엇을 이야기했는지 정리되어야 한다. 듣는 사람 입장에서도 무엇을 들었는지가 명확하게 파악되어야 한다. 단순과 명료는 정 목사가 설교할 때 항상 숙지하는 명제이다. 실제로 제자교회 부교역자들이 평가하는 그의 설교는 간단명료하다. 초심자와 불신자가 들어도 쉽게 이해할 수 있는 설교이다. 확신과 열정이 느껴지는 설교이다. 그는 언제나 희망을 제시한다. 특히 남성들이 많은 은혜를 받는다.

정 목사는 독서하는 목회자이다. '리더Leader 는 리더Reader' 라고 생각한다. 전쟁터에서도 책을 읽은 독서광 나폴레옹과 같이, 언제나 책을 옆에 두고 만져보기라도 해야 직성이 풀렸던 윈스턴 처칠과 같이 책을 사랑한다. 그는 마음이 힘들고 복잡할 때면 서점에 간다. 수많은 책들을 바라보다 보면 행복감이 밀려온다. 무언가를 골똘히 생각할 때 서점에 꽂혀 있는 책이 유난히도 크게 보여 빼어보면 거기에 놀라운 해답이 있는 경험도 여러 차례 했다. 책을 읽으면서 항상 메모를 해둔다. 메모한 자료만 사용된다는 사실을 경험으로 알고 있기 때문이다.

목회의 주체는 하나님이다

교회를 세우고 성장시키는 과정에서 그는 기쁨과 아픔을 겪었다. 돌아보니 어느덧 청춘과 중년의 시절이 모두 지나갔다. 아이들은 훌쩍 커버렸다. 마음 편히 아이들과 함께 물놀이 한번 가보지 못한 지난날이었다. 후회스런 생각도 든다. 그러나 이것이 바로 목회자의 삶이려니 생각한다.

개척의 아픔과 건축의 고통도 언젠가는 지나간다. 그 과정에서의 초조함과 밤잠 못자는 괴로움도 모두 지나간다. 교인들이 늘고 목적한 것이 이루어지는 기쁨, 목회의 감도도 언제까지 지속되는 것이 아니다. 결국 목회 현장에서 목회자는 늘 홀로 남아야 한다. 그 고독한 과정에서 목회자는 깨닫는다. 오직 하나님만이 나의 반석, 나의 힘이시라는 사실을…. 그분만이 내 기쁨도, 내 슬픔도 되신다는 사실을…. 성도도, 목회자도 아니고 오직 하나님 한 분만이 영광을 받으신다는 사실을….

정 목사는 앞으로도 자신에게 보여주신 '그 길'을 가려고 한다. 복음으로 사람을 세우고, 교회를 세워 세상을 치유하고, 변화시키는 사역을 변치 않고 할 것이다. 그래서 이 어둠의 시절에 교회야말로 세상의 유일한 희망이라는 사실을 실증해보이고자 한다.

그에게 성공이란 하나님의 뜻을 이루는 삶을 사는 것이다. 그리스도의 지상명령을 이루는 도구가 되는 것이 바로 성공한 삶이다. 그래서 자신에게 부여된 소명을 완수하는 것이다.

그는 이사야서 41장 10절 말씀을 가장 좋아한다. "두려워하지 말라. 내가 너와 함께함이라. 놀라지 말라. 나는 네 하나님이 됨이니라. 내가 너를 굳세게 하리라. 참으로 너를 도와주리라. 참으로 나의 의로운 오른손으로 너를 붙들리라."

이 구절을 기초로 그는 "하나님이 '노No'라고 말하지 않으시는 한 결코 '노'라고 대답하지 말자"라는 영적 격문을 만들었다. 생각해보니 여태껏 그가 해온 목회의 주체는 하나님이셨다. 하나님이 흥하게도 망하게도 하신다. 그러니 하나님께 전적 위임하는 목회야말로 승리의 목회 방정식인 것이다.

정 목사는 인생에서 남는 것이 과연 무엇일까를 항상 생각한다. 치열한 목회 여정을 끝내면 남는 것이 무엇일까? 운명처럼 인생을 마칠 때, 천국으로 갖고 가는 것이 무엇일까? 그것은 과업이 아니었다. 크고 웅장한 교회가 아니었다. 화려한 설교도 아니었다. 그것은 관계였다. 하나님과의 친밀한 관계였다. 그래서 목회자와 설교자 이전에 하나님과의 관계에서 성공한 신자가 되기를 그는 소망한다. 하나님이 영적 가족으로 묶어주신 수많은 사람들도 동일하게 하나님과의 관계에서 성공한 신자가 되도록 그는 오늘도 기도한다.

역전의 하나님을 소망하라

강준민

강준민

말씀을 연구하는 대부분의 목회자들이 그렇겠지만 특히 동양선교교회의 강준민 목사는 책을 말하지 않고는 이야기할 수 없는 인물이다. 33년간 목회 외길을 걸었던 강 목사는 저술 작업을 통해 이민교회 목회자의 한계를 뛰어넘었다는 평가를 받는다. 《뿌리 깊은 영성》을 비롯해 32권의 책을 쓴 그는 한 달에 50여 권의 책을 읽는 치열한 독서가이기도 하다. 그에게 글쓰기는 하나님을 드러내는 하나의 수단이다. 평상시 힘이 없어 보이다가도 강단에만 서면 펄펄 힘이 난다는 그에게 설교는 유쾌한 작업이 아닐 수 없다. 베스트셀러 작가이기보다는 목회자로 기억되기를 바라는 그가 책과 영성과 목회 등에 대해 솔직하게 풀어놓는 이야기를 들어본다.

고통을 벗 삼은 베스트셀러 작가

강준민 목사에게 하나님은 역전의 하나님이다. 그에게 하나님은 가장 부족한 사람을 선택해서 영광을 받으시는 분이다. 미국 로스앤젤레스의 대표적인 한인교회인 동양선교교회를 담임하는 강 목사는 한국 기독 출판계의 베스트셀러 작가 가운데 한 명이다. 1975년에 서울신학대학에 입학한 이후 33년간 목회 외길을 걸었던 강 목사는 저술 작업을 통해 이민교회 목회자의 한계를 초월했다. 《뿌리 깊은 영성》을 비롯해 《꿈꾸는 자가 오는도다》 《천천히 깊이 읽는 독서법》《관계의 법칙》《표현의 능력》 등 지금까지 무려 32권의 책을 썼다. 그는 한 달에 50여 권의 책을 읽는 치열한 독서가이기도 하다. "한 사람이 어떻게 한 달에 50여 권의 책을 읽느냐"고 의심의 눈초리를 보내는 사람들도 있지만 그는 "실제로 그렇게 읽고 있다"고 말한다.

강 목사는 소위 '성공한 목회자'의 반열에 든다. 《뿌리깊은 영성》은 미국 유수 출판사를 통해 영어로도 출간됐다. 그러나 그런 그가 초라하고 고통스러운 시절을, 그것도 오랫동안 거쳤을 것이라고 생각하는 사람은 몇이나 될까? 초등학교 시절 그는 반에서 63등을 한 적이 있는 열등생이었다. 학창 시절 내내 우등생과는 거리가 멀었다. 집안은 가난했다. 몸은 약했다. 체구는 왜소하고 볼품이 없었다. 무엇 하나 잘난 것이 없었다. 성실함을 타고나기는 했지만 청소년 시절에는 그 성실함이 별로 빛을 발하지 못했다. 그는 상고에 진학했고 대학 입시에서도 서울 지역에선 떨어지고 경기도에서 간신히 붙었다.

미국에 와서 아주사대학교에서 신학을 공부하려 했지만 토플 성적이 저조했다. 550점을 넘어야 했는데 제일 높은 점수를 받은 것이 527점이었다. 첫 학기에 C학점 이상을 받아야 한다는 조건으로 입학을 할 수 있었다.

그 후로 이민목회를 하면서 그는 수없는 좌절을 겪었다. 자살하고 싶은 충동을 느꼈던 적이 한두 번이 아니었다. 지금은 수천 명이 출석하는 큰 교회의 담임 목사로 있고 집회 때마다 많은 청중들이 모이지만 1989년 개척 이후 그가 거둔 목회 성적표는 초라하기 그지없다. 8년 동안 목회에 전력투구한 결과가 출석 성도 150명이었다.

본질적인 목회를 펼친다는 의미에서 성도의 수는 중요하지 않다고 말할 수 있으나 목회 초창기에 그에겐 성장에 대한 꿈이 있었다. 하나님의 교회는 성장해야 한다고 생각했다. 자신이 목회를 하면 청중들이 구름같이 모일 것이라고 생각했다. 그러나 있는 힘을 다해 복음을 전하는데도 사람들은 오지 않았다. 절망과 좌절, 원망과 분노가 그를 감쌌다. 수년 동안 그는 극도의 침체에 빠졌다. 떠나는 성도들을 보면서 거절당했다는 느낌으로 괴로워했다. 그는 전혀 눈에 띄는 삶을 살지 못했다. 화려한 목회를 펼치지 못했다.

책에서 터널 끝의 희미한 빛을 보다

그러나 그것이 끝은 아니었다. 그에게 하나님은 역전의 하나님이셨다. 가장 부족한 사람을 들어 쓰시고 영광을 받는 분이셨다. 침체 속에서 허우적거리던 그에게 독서는 터널 끝에 보이는 희미한 빛과 같았다. 그는 공부는 잘하지 못했지만 어린 시절부터 깊은 사색을 했다. 생각이 많았다. 물론 그 생각 속에는 온갖 걱정이 있었을 것이다.

고등학교 시절 작문 시간에 선생님이 그에게 칭찬 한마디를 해주었다. "준민이는 글을 참 잘 쓰는구나." 작문 시간에 '가을'이란 주제로 글을 썼는데 그 글을 보고 선생님이 칭찬을 해주신 것이다. 그 한마디가 그에게 용기를 주었다. 그 칭찬은 그의 인생에서 언제나 울림으로 다가왔다. '나도 글을 잘 쓸 수 있다'는 생각이 지금 베스트셀러 작가인 그를 만들었다.

그는 열심히 책을 읽고 또 읽었다. 닥치는 대로 읽었다. 가난했지만 책을 사는 데는 돈을 아끼지 않았다. 미국에 건너 간 뒤 1982년부터 매달 100달러어치의 책을 샀다. 지금도 100달러는 적은 액수가 아니지만 당시에는 정말 큰 금액이었다. 더구나 당시 한 달 수입이 200달러였던 그의 형편에 매달 100달러씩 책을 사는 것은 '용기 있는 낭비'였다. 책을 사기 위해서는 굶을 수 있는 용기가 필요했다.

그는 미국 로스앤젤레스의 아주사대학교에서 목회학 석사 과정까지 공부한 후 박사 과정 진학을 포기했다. 자신에게는 학자적 소양이 없기에 일정 수준의 공부를 마친 다음에는 제도권 공부가 아닌 자습을 해야겠다고 생각했다. 미국 신학대를 다니기 위해서는 한 학기에 보통 3,000달러에서 5,000달러에 이르는 학비가 들었다. 강 목사는 박사 과정 진학을 포기한 대신 그 돈으로 책을 샀다. 조사해보니 보통 박사 학위를 받기까지 200여 권의 책을 읽어야 했다. 그는 '비록 박사 과정 공부는 하지 않지만 한 주제를 다룰 때에는 반드시 20권에서 200권의 책을 읽겠다'고 다짐했다. 그렇게 읽다보면 특정 주제뿐 아니라 다른 주제들까지도 섭렵할 수 있다고 생각했다.

미국의 탁월한 자동차 정비공은 약 1만 달러 상당의 도구를 가지고 있다. 훌륭한 치과의사는 개업하기 위해서 10만 달러 정도의 기구를 산다. 강 목사는 '그렇다면 영혼을 살리는 정비공이자 의사인 목사도 최소한 그들만큼의 도구가 있어야 하지 않을까'라고 생각했다. 강 목사에게 그 도구는 책이었다.

사실 가난한 신학생이 매달 100달러어치의 책을 사는 것은 치기 어린 사치였다. 그러나 그는 의지보다는 믿음으로 살았다. 하나님이 생활을 책임져주신다는 믿음이 있었다. 미국에서 생활하면서 계산해보며 살지 않았다. 하나님은 선하게 그를 인도하셨다. 재정과 관련해서 강 목사는 수없이 많은 기적을 경험했다.

독서를 하면서 내면은 영글어 갔고 자신감이 생기기 시작했다. 책 속의 수많은 스승들을 통해 점차 자신도 무엇인가 할 수 있다는 확신을 갖게 되었다. 하나님은 독서를 통해 초라했던 강 목사에게 인생 역전 기회를 만들어주신 것이다. 극심한 침체를 벗어날 수 있었던 것도 독서 덕분이었다. 모든 침체는 생각에서 왔다. 그 생각의 구조를 바꾸는 것은 독서를 통해서 가능했다. 물론 그 치유의 과정은 수년 동안 지속되었다. 그는 적절한 책들과의 만남을 통해 왜 자신에게 침체가 왔는지 점검할 수 있었다. 독서를 하면서 스스로 일어설 수 있는 영적 근육을 키웠다. 독서는 그에게 가득 차 있던 열등의식을 극복하게 만들어준 원동력이었다.

지금 강 목사의 서재는 그만을 위한 작은 도서관 같다. 독자들의 반응이 좋았던 《관계의 법칙》을 준비할 때, 이미 그의 서재에는 그 주제와 관련된 200여 권의 서적이 있었다. 설교할 때에도 주제가 선정되면 서재에서 책을 선택한다. 거기서 대부분의 관련 서적을 발견한다. 지난 시절 동안 꾸준히 '도구'를 샀기 때문에 가능한 일이다. 그는 과거와는 비교할 수 없이 많은 책이 쏟아져 나오는 요즘에는 더욱 치열하게 독서를 해야 한다고 강조한다. 그의 서재에는 전집류보다는 단행본이 많다. 그가 관찰한 사실은 전집류는 사다 놓고 읽지 않는다는 것이었다. 그래서 필요한 전집류는 도서관에 가서 빌려 보았다. 그는 서재를 '콜렉트Collect' 하지 않고 '셀렉트Select' 해서 만들었다.

책 속의 위대한 스승들

그가 가장 아끼는 책은 오스왈드 샌더스의 《영적 지도력》이다. 그가 멘토로 여기는 지구촌교회 이동원 목사가 추천한 책이다. 강 목사는 그 책을 통해 삶과 목회의 뼈대를 세울 수 있었다. 인간의 위대함은 직위가 아니라 성품에 있다, 독서가 아무리 중요해도 목회와 연결되지 않으면 쓸모가 없다는 이야기 등 샌더스의 책을 통해 수많은 교훈을 얻을 수 있었다. 그 책을 읽고 강 목사는 다짐했다. '일생 동안 리더라는 직위를 위해서 삶을 살지 않겠다. 겸손하게 살겠다. 섬기는 삶을 살겠다'라고…. 샌더스의 책은 그에게 진정한 리더십은 직위가 아니라 영향력에 있다는 확신을 주었다. 목회자나 성도나 할 것 없이 이 책을 반드시 읽으라고 그는 추천한다.

리처드 포스터의 《영적 훈련과 성장》, 고든 맥도널드의 《내면세계의 질서와 영적 성장》, 이엠 바운즈의 《기도의 능력》, 토레이 박사의 《기도와 영력》 등도 그가 아끼는 책들이다. A. W. 토저와 앤드류 머레이의 책은 대부분 읽었다. 토저의 《경건 생활의 기초》《하나님을 추구함》《거룩한 자를 아는 지식》 등은 그가 영성 목회자로 설 수 있는 기초가 되었다.

헨리 나우웬을 만난 것도 큰 도움이 되었다. 심리학을 공부한 나우웬은 책을 통해서 투명한 자기 고백의 중요성을 강조했다. 그의 책을 읽으면서 어떻게 감정을 노출할 수 있는지 배웠다. 존 맥스웰의 책은 리더십에 눈을 뜨는 결정적인 동기가 되었다.

미국 남가주대 워렌 베니스 교수의 《뉴리더의 조건》도 그에게 큰

강 목사의 서재는 그만을 위한 작은 도서관 같다. 《관계의 법칙》을 준비할 때 이미 그의 서재에는 관계와 관련된 200여 권의 서적이 있었다. 그는 서재를 '콜렉트' 하지 않고 '셀렉트' 해서 만든다.

감명을 주었던 책이다. 그 책에 나온 '지도자는 자기를 알고 자기를 표현하는 자이다' 라는 짧은 한마디가 그에게 리더십의 전환을 가져다주었다. 그 책을 읽기 전까지 강 목사는 스스로를 잘 표현하지 못하는 내성적인 사람이었다. '지도자는 자기를 표현하는 자' 라는 구절을 보면서 무릎을 탁 쳤다. 생각해보니 예수님도 자기를 잘 표현하신 분이었다. 그분은 "아이 엠I am…"이라고 말하면서 적절하게 스스로를 드러내셨다.

그분과 같이 건강하게 자신을 표현하는 것이 필요하다고 느낀 강 목사는 그때부터 본격적으로 글을 쓰기 시작했다. 강 목사에게 글쓰기는 하나님을 드러내기 위한 하나의 수단이다. 자신을 부르셨을 뿐만 아니라 삶을 역전케 하시는 하나님을 표현하고자 했다. 그 전까지 그는 누가 무슨 일을 시켜도 움츠리는 스타일이었다. 그만큼《뉴리더의 조건》은 그에게 큰 영향을 주었다.

피터 드러커의 책도 대부분 읽었다. 경영학의 원리를 그로부터 배웠다. 강 목사는 자신이 영성과 리더십의 균형을 이룬 독서를 할 수 있었던 것은 행운이었다고 말한다. 영성이 존재에 관한 것이라면 리더십은 과업 성취와 관련된 것이다. 사실 대부분의 사람들이 영성과 리더십 간의 균형을 잘 맞추지 못한다. 존재에 집중하는 사람들은 과업을 경시한다. 그러나 강 목사가 찾아본 성경에는 두 가지가 모두 있었다. 예수님은 존재에 집중하면서 과업도 성취하셨다. 강 목사는 취미로 리더십 관련 서적을 읽었지만 그 책들이 목회에 많은 도움이 되었다고 토로한다.

그는 일반 책들도 많이 읽었다. 목회는 결국 하나님을 중심으로 인간과 우주 이치 등을 다루는 총체적 작업이다. 그는 목회를 위해서라도 일반 책 읽기를 게을리 하지 않았다. 안병욱과 김형석 등의 에세이집을 즐겨 읽었다. 구본형과 공병호의 책들도 대부분 나오는 대로 사 본다. 강 목사는 책 한 권에서 많은 것을 얻으려 하지 않는다. 새로운 정보나 관점, 표현들을 하나라도 건지면 된다. 그는 고전을 제대로 깊이 읽지 못했다. 고전을 충분히 소화해낼 만한 지식이 없었다고 겸손히 말한다. 대신 고전을 소화해서 풀어준 책들을 통해 도움을 받았다. 간혹 "왜 고전 원문을 보지 않는가"라고 묻는 사람들에게 그는 자신에게는 원문을 추적할 능력이 없다고 대답한다. 굳이 피상적인 고전이 아니라 자신에게 실질적으로 도움이 된 책들이 중요하지 않느냐는 생각을 하고 있다.

강 목사는 목회자들을 위해서 굳이 한 권의 책을 추천한다면 역시 샌더스의 《영적 지도력》이라고 한다. 영성과 지도력, 순종, 겸손, 비판 이기는 법, 피곤 극복법 등 다양한 주제가 들어 있기 때문이다.

긍정 그대로 볼 때 깨달음이 온다

몇 년 전부터 교계는 물론 일반인에게까지 큰 반향을 일으키며 베스트셀러로 떠오른 조엘 오스틴 목사의 《긍정의 힘》이 기독교의 본질적인 고민과 진리를 다루기보다는 인본주의적인 내용을 담고 있다는 비판이 일어나고 있다. 이에 대해 어떻게 생각하는지 강 목사에게 물었다. 그러자 그는 책의 내용을 비판하기보다는 이해하는 편에 서고 싶다고 했다.
"하나님은 크신 하나님입니다. 사람마다 쓰임 받는 목표가 다르지요. 오스틴 목사는 긍정이라는 측면에서 쓰임 받는 분입니다. 가령 사과 파이가 있다고 해봅시다. 모든 사람들은 한 조각의 파이만큼씩 쓰임을 받습니다. 어떤 목회자는 심리학과 리더십의 파이 조각에 적합합니다. 또 다른 목회자는 능력 사역이라는 파이 조각에 맞습니다. 긍정도 파이의 한 부분입니다. 하나님은 오케스트라와 무지개를 좋아하십니다. 어떤 사람이 한 부분만 특히 강조한다면 그는 그 부분만큼 쓰임 받는 것입니다. 하나님 나라라는 전체 파이를 보아야 합니다. 사실《긍정의 힘》을 비판하는 분들도 완벽하지 않습니다. 그분들도 어차피 파이의 한 조각만 강조하고 있을 뿐이지요."
그는 개인적으로 극심한 침체를 경험하면서 현실적으로 긍정의 힘이 중요하다는 사실을 발견했다고 한다. 부정과 비판이 자신을 파멸시키는 것을 느꼈다. 하나님은 긍정의 하나님이고 고난 속에 신비로운 긍정 있다는 사실을 그는 실감했다.
"환경이 중요합니다. 오스틴 목사의 어머니는 암환자였습니다. 아버지는 이혼 경험이 있습니다. 그 같은 고통스런 환경 속에서 오스틴 목사는 긍정의 힘을 강조합니다. 긍정은 그가 생존하기 위한 처절한 방법론일 수 있습니다. 그런 배경을 이해한다면 그를 쉽게 비판할 수 없지요."
《긍정의 힘》을 비판하는 목회자들은 그 속에 복음이 빠져 있다고 말한다. 이에 대해 강 목사는 가능하면 책을 처음부터 끝까지 자세히 읽기 바란다고 당부한다. 그 책 속에는 보이지 않게 복음이 담겨 있다고 옹호한다. 사실 에스더서나 아가서에는 하나님이란 이름이 한 번도 나오지 않는다. 그러나 그 속에 하나님의 역사하심이 없다고 말할 수 없다. 분명히 있다. 《긍정의 힘》도 마찬가지라는 것이다. 일반인이 보더라도 부담이 없게 구성되어 있지만 그 속에는 복음이 스며들어 있다는 것이다.

강 목사는 목회자나 성도들이 삶을 사는 데 올바른 관점을 갖는 것이 중요하다고 강조한다. 사전적으로 관점은 견지見地와 동의어이다. 견지는 땅에서 보는 것이다. 어떤 땅에서, 어떤 위치에서 보느냐가 중요하다. 이를테면 책 하나를 보더라도 배우려는 위치에서 보는 것과 처음부터 비판하려고 작정하며 보는 것은 완전히 다른 결과를 가져온다.

"비판적인 시각으로 보면 책은 말하지 않습니다. 책도 인격적이어서 비판하려고 다가오면 문을 열어주지 않는 것이지요."

사실 어떤 사물을 볼 때 가장 중요한 것은 깨달음이다. 깨달음은 있는 모습 그대로 보는 것이다. 강 목사는 《긍정의 힘》을 긍정 그대로 볼 때, 깨달음이 올 수 있다고 말한다. 보다 중요한 것은 하나님의 관점에서 보는 것이다. 긍정의 힘도 하나님의 관점으로 볼 필요가 있다. 65억 인구 가운데 하나님이 오스틴 목사에게 준 사명은 바로 긍정을 통한 사역이다. 그는 그 역할을 하다가 가는 것이다. 그 역할을 하는 것이 그에게는 희열이고 기쁨이다. 마찬가지로 다른 역할을 하는 수많은 사람들이 있다. 하나님의 관점에서 그분의 부르심이 무엇인지 판별하는 것이 특히 중요하다고 강 목사는 말한다.

영성과 인간의 존재 혁명

강 목사를 수식하는 단어 가운데 하나가 영성 목회자이다. 《뿌리 깊은 영성》 이후 다양한 저술 작업을 통해 그는 한국교계에 영성 목회자로서 뚜렷한 그림자를 남겼다. 그는 지금과 같은 지식 혁명 시대에는 생존을 위해서라도 영성이 필요하다고 강조한다. 가장 건전한 영성은 복음적인 말씀에 뿌리를 내리는 것이며 영성을 키우기 위해서는 하나님의 눈길을 의식하는 삶, 즉 하나님의 임재 앞에 자신을 내려놓는 삶을 살아야 한다고 말한다.

영성이 과연 무엇인가라는 질문에 그는 영성과 인간의 존재 혁명을 연결시켜 이야기를 풀어간다.

"영성을 한마디로 정의하기는 어렵습니다. 사랑을 정의하기 어려운 것과 같습니다. 가장 복음적인 영성의 정의는 '성령님 안에서 말씀을 통해 예수님을 닮아가는 것'입니다. 물론 타 종교에도 영성이 있습니다. 간디의 영성은 간디의 정신을 닮아가는 것입니다. 크리스천의 영성은 예수님의 정신을 이어받는 것입니다. 그분의 총체적 인격을 닮는 것입니다. 잃어버린 하나님의 이미지를 회복시켜 나가는 것이지요.

인간의 존재 혁명을 이루기 위해서는 단계가 필요합니다. 인간의 타락으로 하나님의 이미지가 훼손됩니다(Deformation). 그 타락한 인간에게 복음이라는 정보가 들어옵니다(Information). 복음이 들어옴으로써 인간이 다시 하나님 형상으로 변화됩니다(Reformaion). 그 변화된 인간이 예수 그리스도를 닮아가려는 노력을 해나감으로써 변혁이 이뤄집니다(Transformation). 그리고 변혁된 인간은 예수님 안에서 성화되어 갑니다(Confirmation). 가장 마지막으로는 영화로운 단계에 이릅니다(Glorification). 영성은 이런 인간의 존재 혁명을 이루는 데 필수불가결한 요소입니다."

오늘날 급변하는 시대를 살아가는 현대인들이 영성을 키우기 위해서는 어떻게 해야 할까? 이에 강 목사는 이렇게 대답한다.

"하이테크 시대일수록 영혼을 건드려줄 수 있는 '하이 터치'가 필요합니다. 하나님이 오늘 이 시간에 우리를 지켜보고 계신다는 인식을 해야 합니다. 그분 앞에 솔직히 서는 것입니다. 첨단 과학 시대에도 변함없는 진리가 있습니다. 모든 피조물은 하나님께 눈길을 돌려야 한다는 것입니다. 그리스도께 돌아가는 삶을 살아야 합니다. 그 안에 참된 평안이 있습니다. 간단하지만 삶과 연결될 때는 결코 쉽지 않은 일이지요."

또 그는 현대 사회에는 지혜형 인간이 필요하다고 강조했다. 그가 말하는 지혜형 인간이란 어떤 유형의 인간일까?

"우리는 이제 지식 혁명 시대에서 지혜 혁명 시대로 넘어가고 있습니다. 지식형 인간보다는 지혜형 인간이 앞으로의 사회를 주도할 것입니다. 산업혁명은 지식을 시스템화함으로써 가능했습니다. 산업혁명 시대와는 달리 지금은 전 지구적 차원의 글로벌 마인드를 가져야 합니다. 소통하는 사회가 되었지요. 온전한 소통을 이루기 위해서는 지식만 가지고는 안 됩니다. 지식을 통합하고 발전시킬 수 있는 지혜가 필요합니다. 요셉과 다니엘은 그 당시 모든 문제를 해결했던 지혜형 인간이었습니다. 이들은 한결같이 글로벌 마인드를 가졌습니다. 세상 지혜가 아니라 하나님의 지혜를 받아서 당면한 문제를 풀었습니다. 시대의 흐름을 읽었고, 그 흐름 가운데서 성경적 혹은 정치적 문제를 해결했습니다. 글로벌 의식을 가지면서 전 인류의 문제를 해결할 수 있는 사람이 바로 지혜형 인간입니다."

급변하는 삶 속에서 항상성을 갖는 것이 중요한 시대이다. 지금 시대에 우리에게는 유장하게 흐르는 강물과 같은 잔잔함이 필요하다. 모든 사람이 이런 삶을 갈망하지만 정작 실제 삶은 분주하다. 평안을 누리기 위해서 우리에게 필요한 것은 무엇일까?

"절대적 가치를 가져야 합니다. 절대적 가치를 지닌 사람에게는 진정한 평안이 있습니다. 상대적 가치의 시대일수록 절대적 가치에 대한 갈망이 있습니다. 지도자들은 사람들에게 밝으면서도 풍요로운 절대적 가치에 대한 선명한 제시를 해줘야 합니다. 그것이 바로 진리입니다. 현 시대는 예수 그리스도의 덕이 지닌 상쾌함이랄까, 유쾌함을 필요로 합니다. 현대인들은 복음을 받아들이기 원하지만 율법적으로 제시되는 복음에는 거부감을 느낍니다. 복음을 복음답게 제시하는 표현 양식이 필요합니다. 이것 또한 교회와 세상 간의 소통이라고 할 수 있겠지요."

균형 잡힌 영성을 추구하라

그런 의미에서 그가 추구하는 영성은 균형 잡힌 영성이다. 바로 예수 그리스도의 치우침 없는 영성이다. 그는 균형 잡힌 영성을 소유하기 위해서는 전체를 깊게 봐야 한다고 강조한다. 말씀과 기도, 말씀과 성령, 성령과 기도는 분리할 수 있는 것이 아니라 함께 가야 한다는 것이다.

그는 품이 있는 넉넉한 영성을 지향한다. 맑은 샘처럼 정결하셨지만 동시에 대양처럼 모든 사람을 품으셨던 예수 그리스도와 같이 세리도, 창기도, 소외된 자도, 병든 자도 품는 영성을 갖기 소망한다. 그래서 참된 영성은 예수 그리스도의 넓은 품을 갖는 것이라고 말한다. 내면의 변화와 내적 혁명을 통해 예수 그리스도의 넉넉함을 체득하는 것이 그가 영성 훈련을 하는 목표이다. 그는 현실에 뿌리내린 영성을 말한다. 몽상가가 아니라 세상을 밟고 헤치며 나아가는 적극적인 영성을 말한다. 여호수아가 말씀과 묵상의 사람이었으나 적극적으로 가나안을 공격한 것처럼 세상에서 영적 전쟁을 할 때 강한 용사로 싸울 것을 강조한다. '영성을 지닌 파워 크리스천'을 추구한다.

"저는 균형 잡힌 영성을 중요하게 여깁니다. 예수님이 보여 주신 영성은 균형 잡힌 영성입니다. 파도를 타는 사람에게 가장 중요한 것은 균형이지요. 균형을 중도라고도 표현하는데, 치우침이 없는 것이 바로 중도입니다.

균형 잡힌 중도의 길은 가장 적중하는 삶을 의미합니다. 핵심을 간파한 삶입니다. 예수님은 치우침이 없으셨고 정도를 걸으셨습니다. 길이 아니면 가지 않으셨습니다. 조금 늦어도 지름길보다는 정도를 걸으셨습니다. 속도보다는 방향을 중요하게 여기셨습니다. 그렇다고 속도가 느린 것이 아닙니다. 가장 적합한 때를 맞추는 속도는 가장 강력한 힘으로 나타났습니다.

예수님의 영성은 현실에 뿌리박은 영성이었습니다. 예수님은 천국을 말씀하셨습니다. 영생을 말씀하셨습니다. 동시에 현실 속에서 경험하는 풍성한 삶을 말씀하셨습니다. 풍성한 삶은 이생에서 누리는 삶이 아니라 '지금 여기에서 Here and Now' 누리는 삶을 의미합니다. 사실 예수님은 영원한 현재 속에 사십니다. 예수님의 영성은 관계 지향적입니다. 그분은 하나님과의 관계, 이웃과의 관계, 자신과의 관계, 자연과의 관계, 그리고 현실과의 관계 속에서 영성을 추구하셨습니다.

한국교회에 지금 필요한 것은 균형 잡힌 영성입니다. 유일하신 예수님 안에서 다양성을 인정할 줄 아는 영성이 필요합니다. 물처럼 스며들면서도 불처럼 강하게 역사하는 영성이 필요합니다. 날카롭게 말씀으로 수술하면서도 따뜻한 햇볕처럼 가슴을 녹이는 사랑이 필요합니다. 서로 품고, 서로 사랑하고, 서로 세워주는 성도들이 되어야 합니다. 성령님 안에서 하나 된 것을 지키며, 십자가 아래서 서로 용서하고, 화해하는 성도들이 되어야 합니다."

목회는 양을 먹이고 돌보는 것

그에게 목회는 목양이다. 양을 먹이고 돌보는 것이다. 목회자에게 가장 중요한 것은 먼저 먹이는 것이다. 잘 먹이기 위해서는 목사가 먼저 기도와 말씀으로 충만한 사람이 되어야 한다. 목자로서 목사는 하나님을 아는 동시에 양들의 성향에 민감해야 한다. 곧 인간에 대한 이해가 필요하다. 영과 혼, 육을 총체적으로 이해하면 양들을 잘 파악할 수 있다. 이 과정에서 심리학도 중요하게 사용될 수 있다.

목양은 양들을 건강하게 키우는 것이다. 사랑한다는 의미는 아낀다는 말이다. 아끼는 것은 키우게 마련이다. 키우는 것과 사랑을 남기는 것이 목양이다. 결국 맡겨준 양들을 사랑으로 키워서 재생산하는 것이 목회이다. 강 목사는 목회가 과학이면서 동시에 예술이라고 말한다. 과학으로서의 목회는 공식과 법칙으로 운영된다. 동시에 목회는 인간을 다루는 예술이다. 이 둘의 균형을 맞추는 것이 가장 중요하다.

목회자는 누구인가? 사실 누구나 목회자가 될 수 있지만 기능상으로 차이가 있다. 누구나 메스를 들 수 있지만 전문적인 훈련을 받은 의사가 수술을 해야 한다. 설교는 누구나 할 수 있지만 성경 전체를 통달하고 그 쪽에 헌신된 사람이 하는 것이 더 효과적이다. 강 목사는 목회자는 정체성이 분명해야 한다고 강조한다. 무엇보다도 부르심에 대한 확신이 있어야 한다. 목회자는 평생 말씀에 집중하겠다는 결심을 한 사람들이다.

목회자는 양들에게 가장 좋은 것을 먹여야 한다. 양들을 먹일 때

'이 양들은 내 양이 아니라 주님의 양이다'라는 확고한 생각을 가지고 있어야 한다. 교회도 내 교회가 아니라 주님의 교회라고 여겨야 한다. 양들이 이리떼에게 공격 받을 때에는 모든 것을 바쳐서 양들을 보호해야 한다. 그래서 목회자들이 보여줄 수 있는 사랑은 센티멘털한 사랑이 아니라 터프한 사랑이다. 양들을 위해서는 전쟁도 불사해야 한다. 이런 점들이 어렵다. 그냥 설교와 기도만 하면 좋겠는데 전쟁도 해야 한다. 그러므로 목사는 온유하면서도 강해야 한다.

강 목사에게 성공적인 목회는 본질에 충실한 목회이다. 성공 목회를 위해서는 한 영혼을 천하보다 더 중시하는 가치관을 끝까지 가지고 가야 한다. 세상 영광은 크기와 높이에 따라 결정되지만 하나님 나라 영광은 낮아짐과 본질을 찾는 여정에 있다. 그는 C. S. 루이스의 다음과 같은 말을 좋아한다. "예수와 접촉하기만 하면 고통과 눈물이 없는 하나님 나라를 맛보는 것이 아니다. 신자의 삶에도 고통이 있다. 그것은 이 땅이 마지막이 아니라는 것을 알게 하기 위한 하나님의 의도이다. 그 고통을 통해서 신자들은 하나님 나라를 사무치게 그리워하게 된다."

강 목사는 목회를 하면서 느끼는 고통을 통해 하나님 나라를 더욱 그리워하게 되었다고 토로한다. 고통은 자신이 추구해야 할 하나님 나라가 따로 있다는 사실을 언제나 일깨워 주는 영적 자명종이다.

그에게 성공이란 하나님이 주신 재능과 은사를 발견하고, 그것을 개발해서 하나님의 영광을 위해 사용하는 것이다.

"성경에서 말하는 형통은 과업과 관련이 있습니다. 느헤미야의 형통은 성벽 재건이고, 솔로몬의 형통은 성전 건축이지요. 여호수아의 형통은 가나안 정복입니다. 성경적인 형통은 무조건 잘 되고 부자가 되는 것이 아닙니다. 바로 하나님이 맡겨준 사명을 완수하는 것입니다. 사명의 완수를 통해서 하나님의 축복을 유통하는 것이 중요합니다. 공유해야 할 것을 사유화 하는 것은 죄라고 볼 수 있습니다. 그러나 사유할 수 있는 것을 키워서 분배하면 더 큰 축복이 되지요. 이것이 성경적 관점의 형통입니다. 최악의 경우는 공유할 것을 사유화 하고, 사유화해서 키워야 할 것을 그렇게 하지 못하는 것입니다."

결국 진정한 의미의 성공은 하나님이 부여하신 각자의 존재 이유를 삶 속에서 이루는 것이라고 그는 말한다. 하나님은 인간 모두에게 재능을 주셨다. 그것을 묵혀두는 것을 원하지 않으신다. 마음껏 펼쳐서 하나님 나라의 영광을 위해 사용해야 한다. 새는 날아야 하고, 비행기는 떠야 하는 것처럼 하나님이 부르신 대로 쓰임 받는 것이 강 목사가 말하는 성공이다.

그에 따르면 하나님은 은사를 사용하는 자에게 더 많은 것을 주신다. 하나님 나라의 원리는 철저히 '부익부, 빈익빈'이라는 것이다. 하나님 나라에서는 일단 받고 이후 더 많이 구해야 한다. 하나님 나라는 구원과 관련해서는 은혜로운 나라이지만, 사역과 관련해서는 철저히 도구적인 나라라는 사실을 명심해야 한다고 그는 말한다.

설교는 밥을 먹이는 것

강 목사에게 설교는 목양과 같이 밥을 먹이는 것이다. 여기서 밥이란 예수님이다. 설교는 예수님의 지혜, 깨달음, 통찰력, 원리들을 전달해서 청중들이 지니고 있는 문제를 해결해주는 것이다. 설교자는 강단에서 예수님의 사랑이 어떤 것인가를 설명해주어야 한다. 밥을 먹고 어떻게 풍성한 삶을 살 수 있는가를 말해줘야 한다.

설교 형태적으로 강 목사는 주제별 강해설교를 하고 있다. 본문을 충실히 강의하되 본문에 나오는 중요한 주제를 다루면서 설교하는 스타일이다. 주제설교의 강점은 물론 한 주제를 깊이 다룰 수 있다는 데 있다. 한 분야를 관통하는 것이 중요하지만 보통은 깊이 관통하지 못한다. 또 한 분야를 파고들다 보면 전체를 보기가 힘들다. 지혜는 깊이와 넓이가 만나는 곳에 깃들어 있다. 한 주제를 깊고 넓게 다루면 통찰력이 생긴다. 한 주제가 눈에 들어오면 다음 주제에 접근할 수 있다. 주제설교를 하면서 강 목사는 청중들의 삶의 방식까지 터치한다. 설교를 하면서 고기 잡는 법까지 가르치는 것이다.

일단 강 목사는 기도하는 가운데 설교할 주제를 선정한다. 대부분의 경우에는 묵상을 통해서 주제가 선정된다. 신자들에게 한 주일 필요한 주제가 무엇인지 하나님께 묻는다. 주제를 생각한 다음에는 주제와 관련된 성경 본문을 선택한다. 창세기부터 요한계시록까지 훑는다. 이번 주제로는 4주 동안 설교할 것인가, 8주 혹은 12주 동안 설교할 것인가를 정한다. 주제와 관련된 본문들을 선택한 다음에는 그 본문들과 성경 전체를 연결한다. 그 후에는 본문에 맞는 제목을 정한다. 전체 주제와 본문의 내용이 함께 포함된 제목을 정한다. 제목이 정해지면 주제와 관련된 책들을 서재에서 모두 꺼낸다. 서가 한쪽은 아예 그 주제에 맞는 책들로 채워진다. 그런 다음에는 시간이 날 때마다 책을 읽고 묵상한다.

그는 완성된 원고를 만든다. 목요일이 설교 원고 집필일이다. 목요일 전까지는 메모하고 자료 모으는 작업을 지속한다. 원고 집필에는 서너 시간이 걸린다. 물론 더 걸릴 때도 많다. 목요일 밤까지는 원고 작업을 마감한다. 목요일에 설교 원고를 작성하는 것은 고든 맥도널 목사에게 배운 습관이다. 목요일에 원고 작성을 마치면 시간 때문에 쫓기지 않는다. 토요일에 원고 작업을 할 경우에는 마음이 급해질 수 있다. 또한 이민목회를 할 경우 금요일과 토요일에 주로 성도들을 만나야 한다. 주말에는 결혼식 등 각종 행사가 있는데 성도들의 대소사를 나 몰라라 하고 설교만 준비할 수 없는 것이 이민목회이다. 강 목사는 토요일에도 교인들을 온전히 섬겨야 한다고 믿는다.

원고를 작성한 다음에는 계속 묵상을 한다. 원고와 대화를 나눈다. 성령의 도우심을 기대한다. 이렇게 하다보면 강단에 올라갈 때에는 거의 원고를 외우게 된다. 강단에서 강 목사는 80퍼센트 정도 원고를 보지 않고 말씀을 전한다. 생각의 흐름이 있기 때문에 보지 않고 말씀을 전하는 것이 별로 어렵지 않다고 한다. 많은 목회자들이 설교문을 외우기가 힘들다고 말한다. 이에 대해 강 목사는 노력이 필요하다고 강조한다. 외울 수 있다고 확신하며 외워야 한다는

그에게 설교는 운동과도 같다. 축 처져 있다가도 설교만 하면 힘이 난다. 먼저 성경을 연구하고 관련 서적을 보는 준비 과정이 즐겁다. 전달하는 시간이 기쁘다. 결과를 보면 만족스럽다. 그에게 설교는 고역이 아니라 유쾌한 작업이다. 몸이 축 늘어질 때에도 설교하면 치유가 된다.

것이다. 아무리 노력해도 되지 않는 일들도 있지만 대부분은 노력하면 어느 정도까지는 되는 것들이다.

강단에 설 에너지를 평상시에 비축하라

강 목사는 한 편의 설교에는 평생의 작업이 농축되어 있다고 말한다. 따라서 설교 준비에 들어가는 총 시간을 매기는 것은 무의미하다. 한 편의 설교 속에는 수백 권의 책이 용해되어 들어 있다. 물론 한 설교에 인용되는 책은 몇 권에 불과하지만 그 속에는 평생의 독서가 가미되어 있는 것이다. 강 목사는 한 편의 설교 속에 도서관이 담겨 있다고 말한다.

   실제 설교를 할 때, 강 목사가 중시하는 것은 대중의 언어를 사용하는 것이다. 되도록이면 쉬운 단어를 사용하려고 노력한다. 설교 가운데 성도들이 직면한 문제를 언급한다. 상황적 이슈나 교회적인 문제들을 성경을 통해 풀어야 한다는 생각이다. 교회가 직면한 문제들을 성경적으로 해석해주지 않으면 교회 자체가 어려워지는 경우가 많다.

   그는 설교를 많이 하는 목회자이다. 현재에도 매일 새벽기도회를 인도하고 있다. 주일에는 같은 내용으로 다섯 번의 설교를 한다. 물론 과거에는 훨씬 더 많이 말씀을 전했다. 지금은 수요집회나 금요집회 등은 부목사에게 맡기고 있다. 몸이 약한 강 목사가 어떻게 그 많은 설교를 할 수 있을까?

그에게 설교는 운동과도 같다. 축 처져 있다가도 설교만 하면 힘이 난다. 기본적으로 그는 설교를 좋아한다. 그는 자신에게는 설교에 대한 은사가 있다고 말하며 그 이유를 열거한다. 먼저 준비하는 과정이 즐겁다. 성경을 연구하고 관련 서적을 보는 것은 그에게 즐거운 작업이다. 그리고 전달하는 시간이 기쁘다. 결과를 보고 만족해한다. 모든 과정이 즐거운 것이다. 그에게 설교는 고역이 아니라 유쾌한 작업이다. 몸이 축 늘어질 때에도 설교하면 치유가 된다.

강 목사의 아내는 그가 안식년을 갖게 되면 설교할 수 없어서 어떻게 할까 고민 아닌 고민을 한다. 과연 강 목사가 설교하지 않고도 잘 지낼 수 있을지 의문스럽기 때문이다. 한때 집에 강대상을 설치하면 어떨까 하는 생각까지 했다고 한다. 강단에 오르면 신비하게 활력을 얻는 남편을 보았기 때문이다.

평상시 강 목사는 힘이 없어 보인다. 기가 빠진 사람 같다. 그러나 그것은 육신적으로 연약한 그가 살아나가는 방법이다. 그는 힘 쓸 필요가 없는 곳에서는 철저히 힘을 뺀다. 고양이가 대부분의 시간을 자는 데 쓰는 것처럼 모든 힘을 뺀 상태에서 일상을 보낸다. 그리고 거기에서 축적된 힘을 가지고 강단에 올라간다. 그는 강단 위에서 가장 강한 힘을 쓴다. 에너지를 관리하는 것이다. 필요 없는 곳에는 아무리 화려해도 가지 않는다. 그러고 보니 힘을 뺄 필요가 없는 곳에 너무나 많은 힘을 빼고 있는 사람들이 많은 요즘이다.

새로운 것보다는 좋은 것을 주고 싶다

그에게 좋은 설교란 성경적인 설교이다. 예수님을 닮은 설교이다. 예수님은 이야기식의 설교를 하셨다. 직설법보다는 은유와 비유를 사용하셨다. 강 목사는 그런 예수님의 설교를 따르려 한다. 많은 목회자들이 강해설교에 집착한다. 그것은 그대로 유익하다. 그러나 그가 보기에 예수님은 그저 이야기를 하면서 하나님 나라를 전하셨지 구약을 근거로 설교를 하지 않으셨다. 스토리에 구약의 총체적인 내용을 집어 넣으셨다. 단순히 성경을 많이 인용한다고 해서 성경적인 것은 아닐 테다. 사탄도 자신의 주장을 펼쳐나갈 때 성경을 인용하지 않았느냐고 그는 반문한다. 하나님의 전체적인 경륜과 비밀, 하나님 나라의 원리가 담겨 있는 설교가 좋은 설교라고 그는 생각한다.

또 설교자들은 항상 새로운 것을 이야기해야 한다는 부담감에서 벗어나야 한다고 그는 말한다.

"많은 사람들이 새로운 것을 이야기하려 합니다. 새로운 것이 좋은 것인 줄 압니다. 그러나 아무리 새로워도 좋지 않은 것은 결국 좋지 않습니다. 좋은 것은 새롭지 않아도 여전히 좋은 것입니다. 좋은 것을 밥처럼 먹여주는 설교자가 훌륭한 설교자가 아닐까요?"

그는 항상 새로운 것보다는 좋은 것을 주려고 노력한다. 물론 좋은 것을 새롭게 만들어서 주기 위해 노력한다. 이것은 센스이다. 밥과 국이라는 기본 양식에 반찬을 조금씩 바꿔주는 것과 같다. 교인들이 지나치게 새로움에 집착하지 않도록 하는 것이 목회에서 중요하다는 사실을 그는 터득했다. 성도들이 새로운 이론과 방법론에 매혹되지 않고 늘 좋으신 하나님에 매달리도록 노력했다.

설교에는 진지함과 유쾌함이 겸비되어야 한다. 강 목사는 늘 진지한 편이다. 그럼에도 항상 유머를 개발하려고 노력한다. 진지함은 사람을 숨 막히게 만들 수 있다. 유쾌하지 않으면 오래 가지 못하는 법이다. 유쾌함은 여유를 주고 생각하게 만든다. 유쾌함을 주기 위해선 먼저 자신부터 마음의 여유를 가져야 한다. 강박관념을 갖고 살면 안 된다. 인생의 결과보다는 과정을 즐겨야 한다. 성도와의 만남을 즐길 줄 아는 능력이 있어야 한다. 하나님 나라의 특징은 진지함이 아니라 기쁨에 있다. 가볍지 않은 기쁨, 천박하지 않은 기쁨이 넘치는 곳이 바로 하나님 나라이다.

유머는 솔직함에서 나온다. 강 목사는 항상 유머러스한 소재를 찾으려고 하지만 여전히 서툰 편이다. 재미있는 얘기를 하고 나서 청중들에게 제발 웃어달라고 부탁할 때도 있다. 설교자들은 진지할 부분에서 진지하면 된다고 그는 말한다. 복음과 예수님, 하나님 나라, 하나님 영광 등에 진지해야 한다. 인간과 자신에 대해서는 조금 가벼워도 된다. 그러나 많은 설교자들이 자신에 대해서는 진지하고 복음은 가볍게 대하는 것, 그것이 문제이다. 리처드 포스터는 말했다. "대부분 사람들은 자기에 대해서 너무 진지하기 때문에 정말 진지해야 할 내용이나 대상을 놓치고 맙니다."

강 목사에게 고통은 그가 추구해야 할 하나님 나라가 따로 있다는 사실을 일깨워주는 영적 자명종이다. "인생은 공평하지 않지만 하나님의 은혜는 정직하다"고 그는 말한다. 이지선 자매의 간증집회 후 동양선교교회 교인들과 자리를 같이했다.

인생은 공평하지 않지만 하나님의 은혜는 정직하다

심리학자 스캇 펙은 인생은 본래 괴로운 것이라고 말했다. 그의 《아직도 가야 할 길》서문에 나오는 말이 인상적이다. "인생은 고통다Life is difficult." 강 목사 역시 인생은 어렵다고 생각한다. 문제를 풀어나가는 과정이 인생이라고 여긴다.

크리스천에게 인생은 천국을 준비하는 과정이다. 어린아이는 10개월 동안 어머니 뱃속에 있다가 나와 80년이나 90년의 인생을 산다. 인생 역시 하나의 자궁에서 또 하나의 자궁, 즉 영원한 세계로 들어가는 과정이다. 한 번뿐인 인생을 의미 있게 살아야 할 이유가 여기에 있다. 하나의 삶으로 끝나는 것이 아니기 때문이다.

강 목사는 늘 설교 가운데 인생을 사는 지혜를 제시하려 한다. 문제에 너무 집착하지 말라는 것이다. 에머슨은 "100년 후에는 당신이 직면한 모든 문제가 없어질 것"이라고 말했다. 지금 고통의 인생길을 살더라도 그대로 끝나는 것이 아니다. 어렵지만 그 속에 빛이 있고, 길이 있다. 고난이 항상 지속되는 것은 아니다. 사람들이 인생을 어떻게 다루느냐에 성패가 달려 있다. 그는 "인생에 대해 너무 기대하지 맙시다. 대신에 인생이 우리를 보고 놀라게 만듭시다"라고 말하며 인생의 주체는 바로 나라는 사실을 기억해야 한다고 했다.

그는 인생은 공평하지 않지만 하나님의 은혜는 정직하다고 강조한다. 성경에서 심고 거두는 법칙은 정말로 정직한 법칙이다. 살아나가는 과정에서 사람들은 불공평한 실체들을 만나게 된다. 문제는 그런 과정에서 어떻게 심느냐에 따라서 결과가 너무나 달라진다는 사실이다. 따라서 크리스천에게는 사건보다는 해석이 중요하다고 그는 늘 말한다. 강 목사는 자신의 인생 전체에서 역사하신 역전의 하나님이 오늘 모든 크리스천들의 삶 가운데서 동일하게 나타나실 것이라고 힘주어 말한다.

들리는 설교를 해야 합니다

전병욱

전병욱

1만 5,000명의 성도들을 담임하는 목사, 일주일에 열두 편의 설교를 준비하는 설교자, 30여 권 이상의 책을 쓴 베스트셀러 작가, 한 달에 50여 권의 책을 읽는 독서광, 하루에 세 시간씩 자전거를 타는 자전거 마니아. 한 사람을 설명하기에도 벅찬 이 모든 수식어가 삼일교회 전병욱 목사를 설명하는 말들이다. 그 어떤 인본주의와 세속주의도 철저하게 배제하고 오로지 말씀과 기도로 삶의 현장에서 하나님의 뜻에 순종할 것을 강조하는 그가 길지 않은 목회 기간에 한국교회에 던진 도전의 파장은 만만치 않다. 격식에 얽매이지 않는 뜨거운 예배와 에둘러 말하지 않고 정곡부터 파고드는 그의 글과 설교에 많은 젊은이들이 모이고 있다. 이른바 '화려한 신본주의자' 이 길 자처하는 그의 부지런한 일상과 예배, 목회에 관한 이야기를 들어본다.

전병욱

새벽 2시 40분

서울 청파동 삼일교회의 전병욱 목사는 한국교회 내 대표적인 베스트셀러 목회자이자 인기 강사이다. 그가 쓴 책마다 히트했으며 가는 곳마다 구름같이 젊은이들이 모이고 있다. 《파워 로마서》《낙타무릎》《마른뼈도 살아날 수 있다》《자신감》 등 그의 책들에 기독교 독자들은 환호했다.

책뿐 아니라 목회 성과도 눈부시다. 1994년 부임할 당시 성도가 80여 명에 불과했던 삼일교회는 6년 만인 2000년에는 출석 교인 3,400여 명의 대형교회로 성장했다. 2008년에는 성도 수가 1만 5,000명에 이르렀다. 대부분 성도가 청년들로 이뤄진 삼일교회가 대형교회가 되어가고 있는 것이다.

이 같은 목회를 가능케 한 동력이 무엇일까? 그것은 다름 아닌 설교이다. 그는 정력적인 설교자이다. 그는 설교를 매우 많이 한다. 일주일에 최소한 열두 편의 설교를 한다. 주일에는 여덟 번 설교를 하기도 한다. 새벽기도회에서도 모두 자신이 설교한다. 그야말로

'설교 목회'를 하고 있다.

"담임목사가 새벽기도회 설교를 안 하는 교회가 많습니다. 왜 안 합니까? 담임목사가 새벽설교를 하면 새벽기도회가 부흥합니다. 저는 기질적으로 담즙 다혈질이라 많이 할수록 잘합니다. 저보고 설교하지 말라고 하는 것은 죽으라는 이야기와 같습니다. 많이 하다보면 설교가 쉬워집니다. 물론 설교 횟수를 줄이면서 명설교를 하는 분들이 계십니다. 그러나 신학생들은 설교를 많이 할 수 있는 능력을 길러야 합니다."

그가 열두 편의 설교를 준비하는 데는 얼마나 많은 시간이 걸릴까?

"한 편의 설교가 완성되기까지 엄청난 산고를 거칩니다. 사람들은 저보고 야성이 넘치는 목회자라고 말하는데 사실 저는 학자 같은 인생을 삽니다. 새벽 2시 40분에 일어나서 새벽예배를 드리고 정오까지는 성경과 책만 봅니다. 점심 먹을 때가 되면 할 일이 다 끝이 납니다. 잠자리는 저녁 9시 30분쯤에 들지요."

디지털 시대의 설교는 짧고 강력하게

그에게 설교란 하나님의 뜻에 자기의 피와 살을 묻혀 동시대에 전하는 행위이다. 따라서 설교자는 자신의 이야기를 해서는 안 된다. 그런데 하나님의 뜻을 전달하더라도 각 설교자가 지닌 기질과 성향, 배경에 따라 그 뜻은 다르게 전달될 수 있다. 시대마다 전달되는 틀이 다를 수 있다. 청중이 누구냐에 따라 다르게 전달된다. 같은 성경 구절과 주제라도 청년과 노년을 대상으로 할 때는 각기 다르게 전달될 수밖에 없다. 설교의 중요한 요소 중 하나인 청중에 대한 이해가 중요하다.

목회 초기에 그는 서론, 본론, 결론을 구분하는 전통적인 3포인트 설교를 했다. 그러나 지금은 그 같은 전통적인 설교 방법을 버렸다.

"현대는 디지털 시대입니다. 0과 1의 조합으로 메시지를 만드는 시대이지요. 디지털 시대의 젊은이들은 복잡하게 생각하지 않습니다. '이것이냐, 저것이냐'에 대한 판단을 하려 합니다. 그들을 대상으로 하는 설교는 짧고 강력해야 합니다. 설교자의 논리도 디지털로 변해야 합니다. 젊은 성도들은 대지大旨가 여러 개일 경우에는 지루해 합니다. 하나 내지는 두 개의 대지를 갖고 설교를 전개해 나가야 합니다. 설교는 일단 청중들에게 들려야 합니다. 그들에게 들리는 설교를 하기 위해서는 같은 내용도 예측을 못하게 접근해야 합니다. 그 다음 말이 예측되는 설교는 커뮤니케이션에서 실패한 설교라고 말할 수 있습니다."

청중들이 설교를 들으면서 '아하!' 경탄을 하게 하려면 예측 불가능한 내용이 되어야 한다는 것이다. 이를 위해서는 창조적인 노력이 필요하다. 그가 설교를 할 때 가장 중요시하는 포인트는 물론 십자가이다. 모든 설교가들이 십자가를 강조할 것이다. 그런데 십자가를 단순하게 십자가라고 표현하는 것은 현명하지 못하다. 십자가 없이 설교를 하더라도 청중들이 십자가에 달리신 예수 그리스도를 생각하게 하는 것, 그것이 좋은 전달법이라고 그는 말한다.

"똑같은 십자가 이야기를 하더라도 젊은이들과 초심자들에게는 의도를 감추고 나갈 필요가 있습니다. 저는 성경의 인물 중 나단 선지자가 훌륭한 설교자라고 생각합니다. 그는 다윗의 죄악을 지적하면서 남 이야기하듯 저항감 없이 설명을 합니다. 그러면서 자신의 목적을 충분히 이룹니다. 십자가가 가장 중요하지만 처음부터 십자가를 말하면 청중은 마음으로 저항합니다. 십자가에 대한 설명은 나중에 해야 하며 쉽게 풀어줘야 합니다. 설교자는 청중을 존중해야 합니다. 청중의 상태를 예의주시해야 합니다. 타이밍을 잘 맞춰야 합니다."

그의 설교는 특히 젊은이들에게 환호받는다. 그는 자신이 청년들에게 어필할 수 있는 은사를 받은 것 같다고 말한다. 똑같은 것도 듣기 편하게 말하는 능력이 있다. 그에게 설교는 일종의 은사인 셈이다. 그럼에도 그가 한 편의 설교를 위해 많은 노력을 하고 있다는 점을 간과해선 안 된다.

전 목사는 하루에 한 편 정도는 반드시 다른 목회자의 설교를 듣는다. 대형교회나 유명 목회자들보다는 성도 수 200명 이하의 소형교회 목회자들의 설교를 주로 듣는다. 그들의 설교는 대부분 성경적이다. 그런데 그 성경적인 설교가 청중들에게는 잘 들리지 않는다.

"솔직하게 말하자면 그분들은 청중들이 모이지 않게 설교합니다. 내용은 아주 성경적인데 잘 들리지 않습니다. 성경적인 내용을 들리도록 전달하는 노하우를 터득할 필요가 있습니다. 물론 저는

"현대는 디지털 시대입니다. 0과 1의 조합으로 메시지를 만드는 시대이지요. 디지털 시대의 젊은이들은 복잡하게 생각하지 않습니다. '이것이냐, 저것이냐' 판단을 하려 합니다. 그들에게 하는 설교는 짧고 강력해야 합니다. 설교자의 논리도 디지털로 변해야 합니다."

그런 설교를 들으면서 은혜를 받지만요."

시인이 되기 위해서는 먼저 100편의 시를 줄줄 외워야 한다고 한다. 훌륭한 설교자가 되기 위해서는 남이 한 명설교를 숙지하고 있어야 할 것이다. 인터넷 시대가 되면서 설교 모방에 대한 이야기들이 많이 나오고 있다. 전 목사도 목회를 시작하고 35세까지는 남의 설교를 많이 흉내 냈다. 모방을 했다. 무엇보다 양떼를 잘 먹이는 것이 중요하다고 생각했기 때문이다. 설교를 모방하더라도 창조적인 적용이 필요하다고 그는 말한다.

"남의 것을 똑같이 하면 문제지요. 그러나 남의 것들을 잘 소화해서 더 좋은 해석을 할 수 있다면 청중들에게 유익한 측면이 있습니다. 좋은 설교를 읽고 배우는 것은 아주 중요합니다. 그러면서 발전하는 것이지요. 물론 모방하는 단계는 빨리 끝내야 합니다. 목회자로서 45세 정도가 되면 자기 설교가 나와야 한다고 봅니다."

시장의 언어를 배워라

전 목사 목회의 근본이 설교에 있다면 그 설교를 가능케 하는 것은 독서이다. '탁월한 지식이 없으면 권위가 서지 않는다' 는 지론으로 그는 열심히 독서한다. 독서를 통해 하나님이 메시지를 전해주는 경우가 많다. 수많은 책들 가운데 설교에 합당한 책을 선택할 수 있는 것도 능력이다. 그는 기도하는 중에 하나님이 적합한 책을 만나게 해주시는 경험을 하고 있다. 한 권의 책을 통해 설교의 내용은 풍성해진다.

그는 한 달에 50여 권의 책을 읽는 엄청난 독서가이다. 과연 그같은 다독이 가능한지 여러 차례 질문을 받을 때마다 그는 충분히 가능하다고 말한다. 그는 언제, 어디서나 책을 읽으려고 노력한다. 자투리 시간도 낭비하는 법이 없다. 읽고 또 읽다 보면 한 달에 50권을 보는 것이 무리가 아닐지도 모른다. 모든 책들을 정독하는 것은 아니다. 목차를 보고 필요한 부분만 읽는 경우도 많다. 그러나 마음이 와 닿는 책은 정독한다. 유진 피터슨의 《그 길을 걸으라》와 《이 책을 먹으라》는 정독했다. 몇 차례 반복해서 읽은 책도 있다.

그는 기독교 관련 책뿐만 아니라 세상이 관심을 갖는 책도 즐겨 본다. 소설도 좋아한다. 특히 세상과 성경을 연결해줘야 할 목회자는 현대소설을 많이 읽어야 한다는 생각을 갖고 있다. 올해 초 삼일교회 담임 목사실에서 그가 최근 읽고 있는 책 한 권을 본 적이 있다. 《삼미 슈퍼스타즈의 마지막 팬클럽》이라는 소설책이었다. 제목이 재미있었다. 그는 현대 젊은이들이 무슨 언어를 쓰는지 보기 위해서 그 책을 읽는다고 했다. 소설이야말로 그 시대 언어 감각의 정수를 보여주는 장르이다. 소설을 읽으면 시대적인 언어 감각이 윤택해진다.

전 목사는 한국의 대표적인 인문학자이자 소설가인 이어령 씨에 대해서 말한 적이 있다.

"사물을 보는 직관력이 탁월한 분입니다. 과거에는 탁월한 언어 감각을 지니고 계셨지요. 그러나 연세가 들었습니다. 그분이 쓰는 언어는 이 시대의 언어가 아닙니다. 80년대와 90년대의 언어이지요. 저는 현대 소설을 통해서 이 시대의 언어를 배웁니다. 그렇다고 내용까지 모두 배우는 것은 아닙니다. 요즘은 내용이 빈약한 소설들도 많이 나오고 있습니다. 과거의 수필에는 내용과 언어가 모두 포함되어 있었지만 지금은 아닙니다. 그러나 현대소설에는 재미있는 표현법이 많습니다. 뻔한 이야기도 재미있게 표현하는 방법을 소설을 통해 배울 수 있습니다. 설교자들에게는 절실한 사항이지요."

그는 잡지도 열심히 본다. 그의 강점은 정보를 빨리 흡인한다는 사실이다. 그는 90년대에 5년 넘게 한 기독월간지에 시사주간지 〈타임〉을 분석하는 글을 실었다. 매주 〈타임〉지를 샅샅이 뒤지며 세상을 향한 예언적 내용을 찾았다. 덕분에 성경을 분석할 때 〈타임〉지의 내용을 유용하게 사용할 수 있었다.

그는 수시로 메모를 한다. 설교를 많이 하다 보니 메모한 것을 곧장 써먹는다. '피터팬 신드롬'과 같이 현대인에게는 '스튜던트(학생) 신드롬'이 있다는 이야기를 그에게 한 적이 있다. 그러자 그는 설교 시간에 그 이야기를 인용했다. 물론 출처는 밝힌다. 끊임없이 배우는 자세가 오늘의 그를 있게 한 원동력이다.

루이스의 이성과 토저의 영성으로

전 목사의 책들은 나오는 족족 히트했다. 1999년에 그는 인세로 1억

4,500만 원을 받았다. 일부 출판사에서는 인세를 받지 못해 실제 액수는 훨씬 더 많았을 것이다. 목회자로서는 최고의 인세 수입이었다. 그는 인세 대부분을 교회에 헌금하거나 필요한 단체에 기부했다. 아무튼 그는 기독 출판인들이라면 누구나 한 번쯤 함께 작업을 해보고 싶은 베스트셀러 작가이다. 그의 책들이 매번 히트하는 것은 군더더기 없이 솔직하게 정곡을 찌르기 때문이다. 거침없이 내뱉는 말처럼 시원한 책 내용들에 독자들이 신선함을 느끼기 때문이라는 분석이다. 베스트셀러 작가로서 그는 집필을 꿈꾸는 이들에게 한마디 한다.

"먼저 독서를 해야 합니다. 독서가 되지 않으면 많은 작품을 쓰기 힘듭니다. 강준민 목사님도 다독을 하니까 다작하게 되는 것이지요."

전 목사는 목회자들이 무엇보다도 설교집을 많이 출간해야 한다고 강조한다. 요즘 목회자들은 설교집 출간을 꺼린다. 같은 글이라도 설교집은 평가절하 되기 때문이다. 지금은 설교집이 팔리는 시대도 아니다. 그러나 전 목사는 생각이 다르다. 시인은 시로, 법관은 판결문으로 말하듯 목사는 설교로 말해야 한다고 믿는다.

"제 경우를 보면 설교할 때 피와 땀과 노력이 제일 많이 들어갑니다. 설교자는 명설교문을 내야 합니다. 오늘날 전해지는 칼 바르트나 본회퍼의 글들은 대부분이 설교문들입니다. 설교자는 설교로 말해야 합니다."

그에게 가장 영향을 끼친 저자는 C. S. 루이스와 A. W. 토저이다. 1963년생인 전 목사는 집회 때 가끔 "1963년에 두 사람은 죽고

전 목사는 먼저 말을 많이 한다. 실컷 이야기한 뒤 마지막에 글을 쓴다. 글에 리듬이 있다. 설교로 많이 이야기했던 것을 글로 쓰니 독자들은 읽기가 쉽다. 그는 스스로 자신의 글을 '입으로 다듬은 글'이라고 평한다.

한 사람은 태어났습니다"라고 농담한다. 죽었다는 사람은 루이스와 토저이고 태어난 사람은 전 목사이다. 그는 루이스의 책에서 기독교 신념에 바탕을 둔 탁월한 이성을 발견했다. 지성인들에게 기독교를 변증하는 데 루이스를 따라갈 사람은 없을 것이다. 전 목사는 루이스를 통해서 이성을 배웠다. 그래서 이 땅의 크리스천들이 반드시 루이스의 책들을 읽어야 한다고 강조한다.

토저는 뜨거운 가슴의 소유자이다. 미국에서 '20세기의 선지자'로 불리는 영성의 사람이 바로 토저이다. 그는 고등학생 시절에 토저와 루이스를 발견했다. 그때부터 그에게 일생의 기도 제목이 생겼다. "루이스의 이성과 토저의 영성을 주시옵소서." 토저의 책으로 영어를 공부했다. 토저의 글은 단문이다. 전 목사의 글도 단문이다. 토저의 책을 통해 글쓰기를 배웠기 때문이다.

그는 글을 쓸 때 웬만해서는 접속사를 쓰지 않는다. 군더더기가 없다. 설교도 그런 투로 나가야 한다고 믿는다. 소설가나 수필가 중에는 류시화의 글이 읽기 편하다. 잘 다듬어진 언어를 사용하기 때문이다.

전 목사는 먼저 말을 많이 한다. 실컷 이야기한 뒤 마지막에 글을 쓴다. 글에 리듬이 있다. 설교로 많이 이야기했던 것을 글로 쓰니 독자들은 읽기가 쉽다. 그는 스스로 자신의 글을 '입으로 다듬은 글'이라고 평한다.

"많은 사람들이 제 책을 읽고 나서는 '한 편의 설교문을 읽은 것 같다'고 말합니다. 입으로 다듬은 글이기 때문입니다. 축약을 많이 하는데 더 축약해야겠다고 생각합니다."

설교할 때나 글을 쓸 때나 언어의 축약미까지 생각하니 그의 글이 잘 전해지고 잘 쓰이지 않을 수 없다.

삼일교회 성도들의 평균 연령은 20대 중반이다. 교회마다 젊은 이들이 사라진다고 아우성 치는 이 시대에 삼일교회에는 청년들이 구름같이 모인다. 왜 그럴까? 여러 요인들이 있겠지만 가장 큰 원인 가운데 하나는 전 목사가 젊은이들의 언어를 이해하고 있기 때문이 아닐까 싶다.

강단에서 그는 특별히 청년에만 집중하지는 않는다. 그럼에도 설교할 때마다 좌절한 청년들이 일어선다. 복음을 증거하면 반 이상이 새롭게 결신한다. 속사포 같은 언어로 세상 속의 강한 크리스천을 강조하는 그의 설교를 듣고 젊은이들은 영적 카타르시스를 느낀다. 그래서 그는 가능한 한 많은 집회에 참석하려 한다. 잃어버린 영혼에 대한 강한 부담감에 그는 전도 설교를 할 때마다 눈물짓게 된다.

그는 인터넷을 목회와 연결한 첫 세대이기도 하다. 1999년부터 인터넷의 세계에 들어갔다. 초창기 매일 두 시간 이상씩 정보사냥을 하며 직접 삼일교회 홈페이지를 만들었다. 대중이 가는 곳에 가야 영혼 구원을 할 수 있다는 소비자 지향적인 관점에서 그는 컴퓨터에 열중했다.

삼일교회 홈페이지는 인터넷을 목회 도구로 삼은 하나의 사례가 되었다. 그는 목회적 시각을 가지고 인터넷을 한다. 스스로 인터넷을 통해 목회의 질이 높아졌다고 말한다. 삼일교회 홈페이지에는 매일 수만 명이 방문한다. 삼일교회 성도는 물론 그의 설교와 목회 철학, 생각 등을 알기 원하는 많은 목회자와 다른 교회 성도들도 즐겨 방문하고 있다. 초창기에는 매일 100여 개의 이메일에 답장을 했다. 자투리 시간마다 답장을 썼다. 당시에 그는 직접 홈페이지 첫 화면까지 만들었다. 교회 홈페이지가 재미가 있어야 불신자들을 흡수할 수 있다고 생각했다. 아름다운 자매들을 자주 첫 화면에 등장시켰다. 그는 인터넷을 통해 시간과 공간을 뛰어넘는 목회가 가능해졌다고 말한다.

낙타무릎이 되도록 기도에 전념하다

전 목사는 연세대 경영학과를 졸업했다. 일반 직장에 다니다 총신대에 들어갔다. 그가 신학을 하게 된 이유는 단순하다. '내가 하면 잘 할 수 있다'는 생각에서이다.

"할아버님(전계원 목사)은 순교자입니다. 할아버님은 저희 아버님(전영수 장로)에게 목사가 되라고 유언하셨습니다. 그러나 아버님은 장로가 됐지요. 아버님 마음에 늘 목회에 대한 부담감이 있었습니다. 자연히 저도 목회자가 되어야 하지 않는가 하는 생각을 하며 살았지요. 평신도로 고등부 교사 활동을 열심히 했습니다. 당시 전도사님이 절 별로 좋아하지 않았습니다. '차라리 내가 하고 말지'라는 생각이 들었습니다. 사실 목회를 어떻게 하면 될 것이라는 것이 보였습니다. 하나님께서 보여주셨지요. 어떻게 교회를 인도하면 부흥할 것이라는 점이 보였습니다. 그것이 소명이라는 생각도

들었고요."

그는 보수적인 성향을 지닌 목회자이다. 낙타무릎이 될 정도로 기도에 전념한다. 보수적인 신앙을 견지하되 복음의 정수를 화려하게 전하고 싶은 열정이 그에게 있다. 그래서 '화려한 신본주의자' 라는 말을 좋아한다.

그는 자신이 교사를 해도 잘했을 것이라고 말한다. 사람에 대한 관심이 강했기 때문이다.

"대학 시절에 과외교습을 했는데 잘 가르쳤습니다. 아무리 어려운 것도 20분 정도면 요약이 되었거든요. 설교는 사람에 대한 애정이 있을 때 잘할 수 있습니다. 사람에 대한 관심이 있으면 들리는 메시지를 증거할 수 있습니다. 사람을 살리겠다는 강한 동기가 있을 때 말씀이 술술 나옵니다."

그에게 목회란 예수님으로부터 양떼를 맡아서 그 양들을 변화시키는 것이다. 목사는 양들의 대표이다. 대표는 먼저 깨달아야 한다. 그 깨달은 것을 알려주어야 한다.

"요한복음 21장에서 예수님은 베드로에게 '네가 나를 사랑하느냐' 라고 물으시고는 '내 양을 먹이라' 고 말씀하십니다. 목회자로서 예수님을 사랑한다는 것은 맡겨주신 양들을 사랑하고 존중하는 것입니다. 저는 교인을 존중하는 목회를 하려 노력했습니다. 절대로 교인들을 속이지 않습니다. '이렇게 하면 양들이 따라올 것' 이라고 생각하면서 교인들을 '조종' 하지 않습니다. 교인들은 목회자의 비전을 이루기 위한 실험 대상이 아닙니다. 저는 거침없이 제 의도를 말합니다. 저에게는 '히든 어젠더' (숨은 동기)가 없습니다. 투명하려고 노력합니다. 제 말을 기분 나쁘게 듣는 사람은 있을 수 있어도 진실하지 않다고 매도하는 사람은 없습니다."

전 목사가 가장 강조하는 가치 가운데 하나가 정직이다. 그는 약속을 중시한다. 삼일교회는 1,000명이 새벽 여섯 시에 모이기로 하면 그대로 모인다. 여섯 시가 넘으면 더 기다리지 않고 그대로 떠난다. 법을 지키지 않는 사람이 지키는 사람보다 더 편해서는 안 된다는 생각에서이다. 그는 스스로도 정직하기 위해서 부단히 노력한다. 특히 21세기 인터넷사회에서는 정직한 사람이 승리한다는 확신을 가지고 있다.

지난 시절 한국교회에서 전 목사를 교만하게 보는 사람들이 적지 않았다. 치기가 넘친다고도 비판받았다. 성숙하지 못하다는 것이었다. 그러나 그를 아는 사람들은 그가 매우 합리적인 목회자이며 진실성이 있다고 평한다. 교회 내에서도 그의 진실성에 대해 높이 평가를 하고 있다. 그가 목회하는 동안에 교회에 불만을 품고 목사를 원망하며 나간 사람은 거의 없었다. 정직과 진실의 힘이라고 할 수 있다.

그는 목회자도 인간이라는 사실을 인정해야 한다고 말한다. 목회자가 성도들에게 완벽한 이미지를 보여줄 수도, 보여줄 필요도 없다. 목회자 역시 죄짓고 회개하는 인간이다. 제한된 존재이다. 그는 거침없이 말하고 행동한다.

"저에 대해서 환상을 갖는 사람은 거의 없습니다. 그래서 제가 어떤 행동을 해도 놀라지 않습니다. 물론 저도 인격적으로 완성된 인간이 되기 위해서 발버둥치지요. 양들의 대표로서 자격을 갖추

전 목사에게는 별다른 비전도, 꿈도 없다. 비전은 목사가 가질 성질이 아니기 때문이다. 목회자는 물론, 성도들도 하나님의 비전을 그대로 이뤄드리는 도구가 되어야 한다고 믿는다. 꿈은 하나님이 꾸시면 된다. 자신의 강점은 비전이 아니라 성실이라고 그는 말한다.

려 노력합니다. 그러나 인간이기에 한계가 있다는 것을 인식하고 있습니다. 모든 것을 하려고 하지는 않습니다. 그 한계 내에서만 일하면 됩니다. 주님도 그 한계 밖의 일들은 맡기지 않으시는 것 같습니다."

한나식 목회를 추구하다

전 목사는 자신에게는 별다른 비전도, 꿈도 없다고 한다. 비전은 목사가 가질 성질이 아니라는 것이다. 목회자는 물론, 성도들도 하나님의 비전을 그대로 이뤄드리는 도구가 되어야 한다고 믿는다. 꿈은 하나님이 꾸시면 된다. 자신의 강점은 비전이 아니라 성실이라고 말한다. 고난이 오더라도 지금 하는 일을 지속적으로 하는 성실이야말로 자신의 가장 큰 무기라고 한다.

"종이 무슨 꿈을 많이 꿀 필요가 있습니까? 주님의 꿈을 이뤄드리기 위해서 성실히 일하는 수밖에 없지요. 연합 사역을 하는 목사님들이 '이제는 한국교회를 위해 기여하라'고 권합니다. 각종 모임에 참석해달라는 요청을 받습니다. 그러나 제가 한국교회에 기여하는 방법은 삼일교회에서 잘하는 것입니다. 사실 한국교회 자체는 실체가 아닙니다. 성경 사무엘상을 보십시오. 한나가 자기 불행을 직시하면서 고통과 고민 가운데 기도했을 때 사무엘을 얻잖습니까? 저는 한나처럼 목회를 하고 싶습니다. 한국교회를 부흥시키기 원하시는 하나님의 큰 뜻을 이루기 위해서는 먼저 개인과 교회가 직면한 자신의 문제에 예민해야 합니다. 내가 먼저 문제에서 벗어나야 합니다. 모든 교회가 저마다의 문제를 해결하기 위해서 하나님께 기도하면 너무 큰 것을 외치지 않아도 부흥이 자연스럽게 올 것입니다."

사실 그는 90년대 중반부터 부흥을 외쳐온 목회자이다. 1996년에 청년들의 부흥을 위한 리바이벌(부흥) 대회를 주도하면서 그는 당시에 가스펠 가수인 고형원 전도사에게 부흥과 관련한 노래를 만들어 달라고 부탁했다. "이 땅의 황무함을 보소서 (…) 부흥의 불길 타오르게 하소서"라는 가스펠송 '부흥'은 이렇게 만들어졌다. 그럼에도 그는 이후 '한국교회의 부흥'이라는 거창한 타이틀에 매달리지 않았다.

"한국교회 전체의 부흥에 매달리지 않았습니다. 제가 할 수 있는 작은 것에서부터 부흥하려 노력했습니다. 작은 것을 위해 발버둥치다보니 점점 영향력이 확대되는 것이 느껴집니다."

비약적인 성장을 하는 지금이 위기다

전 목사가 복음주의 청년운동이 정체기를 맞은 90년대 중반, 한국교회에 화려하게 등장할 수 있었던 것은 부흥을 향한 열망과 현실을 뛰어넘는 도전 정신 때문이었다. 그는 '예배의 갱신은 예배자의 갱신'이라며 한국교회가 더욱 예배에 진력해야 한다고 강조한다. 예배에 집중할 때 교회는 세상 속에서 강한 힘을 발휘할 수 있다는 것이다. 교회는 미사일 발사대이다. 영적 폭탄은 교회에서 터질 경우 자폭에 불과하지만 교회가 미사일 발사대의 역할을 해 세상에서 폭탄이 터지게 할 경우 세상을 변화시킬 수 있다.

그는 젊은이들에게 늘 교회보다는 세상에서 강한 '파워 성도'가 될 것을 외친다. 이 같은 세상에서 강한 성도가 되기 위한 기초는 예배이다. 미사일 발사대가 튼튼해야 멀리 폭탄을 쏠 수 있는 법이다.

그는 삼일교회가 비약적인 성장을 이루고 있는 지금을 가장 큰 위기의 시기로 본다. 성도 수가 80명인 삼일교회에 처음 부임했을 때, 한 인터넷 기독매체가 자신의 설교와 관련된 비판 기사를 시리즈로 게재했을 때 위기를 느꼈지만 진정한 위기의 때는 교회가 너무 커져버린 지금이라는 것이다.

위기가 닥칠 때마다 그는 본질을 생각하며 기도한다. 처음에는 힘들지만 어느 시기를 넘기면 이전처럼 회복되게 마련이다. 지금의 삼일교회는 그가 생각하는 교회의 모습은 아니다. 너무 커졌다. 성장하려고 발버둥을 친 것은 아니었다. 처음부터 지금의 삼일교회 모습을 그리지 않았다. 그는 삼일교회가 더 이상 커지면 안 된다고 생각한다. 교회가 커지는 것보다 더 추구해야 할 일은 하나님과의 바른 관계이기 때문이다.

전 목사는 목회 가운데 갈등이나 오해로 인해 위기 상황을 맞게 되면 일단 침묵으로 일관한다. 억울할 때도 있지만 반대로도 생각한다. 50을 했는데도 5밖에 평가받지 못할 때가 있다고 치자, 그러면 5밖에 하지 않았는데 50이라고 평가해주는 시기가 있지 않았겠느냐는 식이다.

사실 인간은 연약해서 평가절상 될 때에는 별다른 억울함을 느끼지 않지만 평가절하만 되면 억울하다고 생각한다. 스스로 별다른 잘못을 하지 않았는데도 나락으로 떨어질 때에는 '묵상하고, 회개하고, 쉬라'고 그는 조언한다. 때로는 그 문제의 한복판에, 갈등의 심연 속에 머물러 있을 필요도 있다. 하나님이 낮아지라고 할 때에는 낮아져야 한다. 인간은 속수무책일 때에 하나님께 의지한다. 그때야말로 하나님이 일하시는 순간이다.

전병욱 목사의 자전거 목회론

새들백교회의 릭 워렌 목사는 평생 한 교회에서 목회하는 소망을 갖고 있다고 한다. 이 교회 저 교회로 이동하는 소위 '레임 덕' 사역자는 교회를 부흥시키기 힘들다는 것이 워렌 목사의 지론이다. 전 목사도 워렌 목사와 비슷한 생각을 갖고 있다. 그는 삼일교회에서만 15년째 목회 중이다. 신학교 시절까지 합치면 21년째 목회를 하고 있다.

그는 목회자가 되기 위해서는 가장 먼저 기도의 능력을 배워야 한다고 강조한다. 사역자는 무엇보다도 기도하는 법을 터득해야 한다. 논리적으로 말씀을 전하는 훈련도 받아야 한다. 불특정 다수의 청중들을 대상으로 설교를 해야 하기 때문이다. 목회자는 설교 커뮤니케이션에 능통해야 한다. 인간에 대한 파악을 잘해야 한다.

하루에 세 시간에 걸쳐 약 60킬로미터 정도 자전거를 타는 그는 인류가 발견한 최고 발명품으로 자전거를 꼽는다. "자전거를 탈 때에는 아무리 힘들어도 페달을 밟아야 합니다. 목회가 아무리 힘들어도 기도를 해야 하는 것과 마찬가지입니다."

이를 위해서는 인간을 사랑해야 한다. 이 인간 사랑을 하기 위해서는 자신이 원하지 않는 유형의 사람들과도 만나야 한다. 또한 자신을 객관화하는 능력이 있어야 한다.

정서적인 따뜻함과 유머도 필요하다. 무엇보다 목회자 자신이 즐거워야 한다. 사람들은 즐거운 사람 옆에 가게 마련이다. 그는 교인들이 언제 행복해하는지를 살펴봤다. 바로 행복한 목회자를 바라볼 때 교인들은 행복해했다.

건강도 중요하다. 주일에 여덟 번 설교하려면 열두 시간 동안 서 있어야 한다. 건강하지 않으면 오래 설교할 수 없다. 그는 건강을 유지하는 법으로 자전거를 택했다. 몇 년 전 우연히 시작한 자전거 타기에 그는 푹 빠졌다. 한번 시작하면 뿌리를 뽑는 성격과도 무관하지 않을 것이다. 지금 그는 자전거 예찬론자이다. 자칭 타칭 자전거 전도사이다. 만나는 사람마다 자전거를 타라고 권한다. 김인중, 명성훈, 오정현, 김삼환, 권준, 정인수 목사 등이 그에게 자전거 타기를 소개받았다.

"자전거 타기는 일단 재미있습니다. 자연 친화적입니다. 생각해 보면 인간이 자기 동력으로 갈 수 있는 최고의 능력을 발휘하는 것이 자전거입니다. 자전거는 걷는 것보다 5배가 빠릅니다. 25배의 에너지 효율이 있습니다. 인류가 발견한 최고 발명품이 자전거라고 생각합니다."

그는 하루에 약 60킬로미터정도 자전거를 탄다. 세 시간 정도 탄다. 따로 시간을 내서 자전거를 타기도 한다. 자전거를 타면서 설교가 늘었다고 말할 정도이다. 설교 본문을 읽고 자전거 위에서 묵상을 한다. 그가 자전거를 타면서 깨달은 진리가 있다.

"자전거를 타면 아무리 힘들어도 페달을 밟아야 합니다. 목회가 아무리 힘들어도 기도를 해야 하는 것과 마찬가지지요. 자전거로 100킬로미터 정도를 달리면 죽고 싶을 만큼 힘들지만 그래도 페달을 밟아야 합니다. 페달을 밟아야 빨리 도착합니다. 언덕을 올라갈 때는 꼭대기를 바라보면 안 됩니다. 비전은 먼 미래를 바라보는 거라지만 자전거 타기에서는 반대입니다. 언덕을 오를 때 꼭대기를 바라보면 좌절합니다. 땅바닥 2미터 앞만 쳐다보면 됩니다. 그러면 가는 길이 언덕이 아니라 땅바닥이 되는 거지요. 너무 힘든 고난이

다가올 때 멀리 바라보면 좌절하기 쉽습니다. 그럴 때는 바로 앞을 바라봐야 합니다."

전 목사는 평범한 사람들이 보기에는 비범한 삶을 살고 있는 사람임에 분명하다. 1만 5,000여 명의 성도들을 담임하는 목사, 일주일에 열두 편의 설교를 준비하는 목사면서도 하루에 세 시간씩 자전거를 타는 자전거 마니아이다. 더구나 한 달에 50여 권의 책을 읽는다. 또한 얼마나 많은 사람들이 전 목사를 만나려 하겠는가? 그는 아마도 시간 관리의 대가임에 분명하다.

그는 크리스천들은 직장, 교회, 집 등 자신이 움직일 수 있는 동선을 최소화해야 한다고 강조한다. 동선이 너무 클 경우 불필요한 시간 낭비를 한다는 것이다. 전 목사의 '화려한 일상'은 자투리 시간까지도 귀중하게 사용하기 때문에 가능하다. 새벽 2시 40분. 남들이 곤히 자는 그 시간에 전 목사는 일어나서 하루를 준비한다. 그 새벽부터 정오까지 집중하고 남은 시간에는 즐거운 일들을 왕성하게 한다. 흔히 하는 "시간 없다"는 이야기는 전 목사에게 핑계일 뿐이다.

도전하는 세대에서 책임지는 세대로

전 목사는 2, 3년 전까지만 해도 자신이 개척교회 목사라고 생각했다. 무언가 항상 부족함을 느꼈다. 목회 스타일도 기존 질서에 도전하는 타입이었다. 그러나 어느 순간부터 자신이 기득권 세력처럼 보이기 시작했다. 과거와는 다른 책임감도 느껴졌다. 그러다보니 말도 조심하게 되었다. 이제는 책임지는 세대가 되었다는 점을 실감하고 있다.

세상에서 가장 무서운 사람은 학습하는 사람이다. 학습하는 사람은 끊임없이 진보한다. 학습하는 사람의 지금은 과거와는 다르다. 학습을 했기에 그 시절만큼 발전이 있다. 전 목사는 학습하는 목회자이다. 만날 때마다 이전보다 더 성숙해진 그를 발견한다.

꽤 오래 전에 사랑의교회 원로 옥한흠 목사와 그에 대한 이야기를 한 적이 있었다. 당시 전 목사는 공공연히 옥 목사의 설교를 비판하고 있었다. 합동교단에서 그는 옥 목사의 새파란 후배이다. "전 목사님이 옥 목사님에 대해 비판하고 있다는 것 아시지요?"라고 묻자 옥 목사는 껄껄 웃으며 답했다. "알고 있지, 알고 있어. 그런데 시간이 지나면 달라질 거야. 시간은 사람들을 넉넉하고 너그럽게 해주거든."

과연 시간은 사람들을 겸손하게 만든다. 도전 정신과 영적인 열성이 남달랐기에 유독 목소리가 높고 표현이 강했던 전 목사가 이제 어느덧 넉넉하고 너그러운 전 목사가 되고 있다. 그가 넉넉해지고 있는 사이에, 이 땅 어디선가 기존 권위를 뛰어넘으며 영적 기세가 등등한 또 다른 '전병욱 목사'가 나오고 있을 것이다.